Robert de Taube

Das offene Versteck

Herausgegeben von Hartmut Peters

Bibliografische Information der Deutschen Nationalbibliothek:
Die Deutsche Nationalbibliothek verzeichnet diese Publikation in der Deutschen Nationalbibliografie; detaillierte bibliografische Daten sind im Internet über www.dnb.de abrufbar.

Coverfoto: © Sammlung Pohl, Lexington, Kentucky
Rückseitenfoto: © Hartmut Peters
Design & Satz: FUEGO/Friedel Muders
Herstellung: BoD – Books on Demand, Norderstedt

© 2019 Hartmut Peters

2. Auflage: Bremen 2020
Auch als Ebook erhältlich

℗ 2019 FUEGO
www.fuego.de

ISBN: 978-3-86287-967-0

Schriften zur Geschichte des Nationalsozialismus und der Juden im Landkreis Friesland, Nr. 6; hrsg. v. Holger Frerichs und Hartmut Peters

Robert de Taube

Das offene Versteck

Bericht eines jüdischen Landwirts aus Ostfriesland,
der in Berlin im Versteck der Menge
den Deportationen nach Auschwitz entkam

Herausgegeben und eingeleitet
von Hartmut Peters

FUEGO

* * *

Vorwort

Robert de Taube starb im Alter von 85 Jahren im August 1982. Zu diesem Zeitpunkt war er für alle, die ihn kannten oder nur einmal von ihm gehört hatten, eine le-

■ 1: Robert de Taube zum Zeitpunkt des Interviews durch Walter John Pohl im Mai 1971

bende Legende. Den ausgefeilten Plänen der nationalsozialistischen Judenmörder entkommen zu sein, im Chaos des Kriegsendes die geraubten Besitztümer zurückgefordert zu haben und inmitten der Täter und Mitläufer den größten Bauernhof weit und breit erneut zu bewirtschaften, machte nur einen Teil seiner Bekanntheit aus. Sein charmantes Charisma stand in einem seltenen Kontrast zu seiner bäuerischen Bodenständigkeit. Aber zum Gespräch machte diesen fast einzigen Holocaust-Überlebenden weit und breit, was er zu Lebzeiten über die Nazi-Zeit erzählte - oder eher nicht erzählte.

Robert de Taube glich in den langen Jahrzehnten des absichtsvollen Verdrängens des Völkermords an den Juden jener sprichwörtlichen Leiche, die fast jeder auch seiner Nachbarn aus der Nazi-Zeit im Keller hatte, die aber ständig die Kellertreppe hochkam. Nur den übelsten Nazis vor Ort trug er etwas nach, obwohl sich unter den Ermordeten sein Bruder Ernst und viele weitere Familienangehörige befanden. Über die kleinen Peiniger der Nachbarschaft schwieg er sich aus und erzählte lieber davon, wie er in Berlin den Deportationen nach Auschwitz unter der Identität „August Schneider, Landschaftsgärtner aus Hamburg" entkommen war.

Das Gerücht, er habe einen langen Bericht mit den Namen der Täter verfasst, diesen bei einem Rechtsanwalt deponiert und verfügt, dass er erst veröffentlicht werden dürfe, wenn alle Genannten gestorben wären, hielt sich lange.[1] Wahr ist, dass Robert de Taube 1971 einem Neffen ein ausführliches Interview gab, der dann das Transkript der Audiokassetten vervielfältigte. Und dass unter den Papieren des Verstorbenen ein später entstandener, fast gleichlautender Bericht aufgefunden wurde, von dem bestimmte Einwohner Neustadtgödens

1) Vgl. zum Beispiel „Heimatforscher suchen in Hamburger Kanzlei das Tagebuch von Robert de Taube", Wilhelmshavener Zeitung v. 10.11.2005, S. 4.

immer Kopien besaßen, die sie aber zurückhielten. Das Gerücht machte den nachwachsenden Generationen zu einem Rätsel, was die Täter und ihre Familien ohnehin wussten und was einmal öffentlich gewesen war: Die Namen aller 24 wegen des Pogroms von 1938 auf dem Horster Grashaus und in Neustadtgödens Angeklagten standen 1949 in der Zeitung und die Durchschläge des Urteils mit allen Namen befanden sich in vielen Haushalten der Nachbarschaft.

Die nun gedruckt vorliegenden, abenteuerlichen Schilderungen Robert de Taubes der Jahre von 1933 bis 1973 nennen auch Namen, sie geben aber vor allem ein beredtes Zeugnis seiner Klugheit und situativen Spontanität, seiner Menschenkenntnis, seines Witzes und seines Glücks beim Kampf um das Überleben. Auf ihren letzten Seiten sprechen sie auch vom Preis, den dieser Mann zahlen musste für seine lebensnotwendige, permanente Wachsamkeit vor den SS-Schergen und Denunzianten und nach 1945 für seine Entscheidung, nicht aus Deutschland zu weichen. Sie berichten von Schlaflosigkeit, Herzproblemen und dem auf Gewissheit begründeten Misstrauen, dass ein Jude für viele auch nach dem Ende der NS-Diktatur ein „Fremder" war und bleiben sollte. Daran konnten seine Volkstümlichkeit und Großzügigkeit nichts ändern.

Robert de Taube legt mit seinem unbeirrten Verhalten ein Beispiel dafür ab, was „Heimat" eigentlich ist: Sie liegt im Auge des Betrachters und entspringt der freien Wahl des Individuums. Obwohl dieser deutsche, von den Nazis zum Juden gemachte Landwirt von den meisten „Deutschen" seiner Zeit und auch von vielen danach nicht gewollt wurde, hat er der Region, die er liebte, seinen Stempel aufgedrückt. „Diese Gegend hat mich kaputt gemacht, und ich bleibe solange, bis man ihr das anmerkt." (Herbert Achternbusch) Mit seinen Erinnerungen hat sich Robert de Taube in seine Heimat hineingeschrieben - in das so friedlich scheinende Horster Grashaus und die umgebende fruchtbare Marsch.

Einleitung

I. Die Familie de Taube in Neustadtgödens und Wilhelmshaven

Wer den Scheitelpunkt der jüdischen Emanzipationsgeschichte in Wilhelmshaven und Umgebung sucht, wird ihn im Aufstieg der Familie de Taube finden. 1918 schienen die de Taubes zu den etablierten Familien einer Marinestadt zu gehören, die existentielle Bedeutung für das Wohl und Wehe des gesamten Kaiserreichs besaß. Zu derselben Zeit, im Inneren der antisemitischen Offizierskaste, arbeitete der Marine-Ingenieur Gottlieb Magnus (1883 – 1942) im Vorstand des Konstruktionsbüros für Torpedos und U-Boote der Kaiserlichen Werft. Magnus wohnte wie die de Taubes im Offiziersviertel der Stadt. Solche Emanzipationserfolge waren jedoch illusionäre Momentaufnahmen. Die Nationalsozialisten entfernten den Juden Magnus 1936 aus dem Dienst, 1942 deportierten sie ihn und seine Familie nach Auschwitz. Die de Taubes wurden beraubt, ermordet oder in alle Welt vertrieben, nur Robert de Taube kehrte in seine Heimat zurück.

Robert de Taube wurde am 16. November 1896 im damals ostfriesisch-preußischen Neustadtgödens in eine zu diesem Zeitpunkt bereits wohlsituierte jüdische Familie geboren. Er war das vierte von insgesamt acht Kindern des Ehepaars Samuel (1855 – 1949) und Rosa de Taube, geb. Weinberg (1861 – 1948), das 1886 geheiratet hatte. Die de Taubes waren seit der Mitte des 18. Jahrhunderts hier ansässig und über die Generationen überwiegend als Schlachter und Viehhändler tätig, während

die Mutter Rosa aus Leer stammte. Bereits der 1820 geborene Großvater Calmer de Taube war im Viehhandel erfolgreich gewesen und hinterließ, als er 1905 starb, seinen Kindern 20 Hektar Land und vier Häuser.[2] Die Berufe des Viehhändlers und Landwirts lagen naturgemäß nahe beieinander, denn zum Viehhandel gehörte der Besitz von Ländereien und Stallungen. Sogar die Viehzucht

----

2) Vgl. Testament von Calmer de Taube vom 3. Mai 1897 sowie Vermögensauflistung vom 20. Januar 1907 (Archiv GröschlerHaus).

befand sich im Bereich der beruflichen Möglichkeiten, wenn genug Land, Gebäude und – am wichtigsten - Kenntnisse zur Verfügung standen.

Neustadtgödens war ein Dorf mit kleinstädtisch anmutenden Straßen - und ist es auch heute noch, wo es offiziell Sande-Neustadtgödens heißt und zum Landkreis Friesland gehört. Es liegt vier Kilometer hinter dem Deich der Nordseebucht Jadebusen inmitten von fruchtbarer Marsch mit leichten Einsprengseln von Geest und Moor. Zwölf Kilometer entfernt befindet sich die 1869 auf der grünen Wiese am Fahrwasser der Jade gegründete Mari-

■ 3: Postkarte von Neustadtgödens ca. 1935. Das Geburtshaus von Robert de Taube ist unten links, ganz rechts, abgebildet. Unten rechts: Schloss Gödens

nestadt Wilhelmshaven, die bereits 1900 zusammen mit den im Schlepptau der rasanten militärischen Entwicklung des Hafens wie Pilze hochschießenden Nachbarorten wie z.B. Heppens rund 50.000 Einwohner aufwies.

Neustadtgödens blickte damals auf eine für die jüdische Minorität günstige Sonderentwicklung zurück. 1544 als Nordsee-Sielhafen der kleinen Herrschaft Gödens gegründet, stieg der Ort bis zur Mitte des 18. Jahrhunderts zu einem florierenden Handelsplatz auf. Die Lage an der ostfriesisch-oldenburgischen Grenze und das strukturpolitische Kalkül der Grafen, ungestörte Religionsausübung anzubieten, führten zur Ansiedlung von Mennoniten, Reformierten, Katholiken und Lutheranern und seit 1639 auch von Israeliten. Die Siedlung verlor zwar nach 1615 mit dem Bau eines Dammes durch die Oldenburger Grafen ihren direkten Zugang zum Jadebusen, dennoch kam es zu einer Blütezeit: Das Reichsgericht beschied, dass die Sielanlagen steuerfrei zu nutzen seien, und auch die Ansiedlung von mennonitischen Leinenwebern während des Dreißigjährigen Krieges erwies sich als wirtschaftlicher Glücksgriff. Die Chance zum grenzüberschreitenden Verkehr nutzten auch die Juden. Der Handel mit Vieh, Pferden und Fleisch und der Klein- und Landhandel mit Altkleidern und anderen Produkten standen im Mittelpunkt, da auch hier die Juden den üblichen beruflichen Einschränkungen unterlagen.

Obwohl sie im Gegensatz zu den Nachbarorten ihre Religion frei ausüben durften, benötigten sie für ihre Niederlassung auch in der Herrlichkeit Gödens wie sonst überall einen Schutzbrief. Gegen eine Einmalzahlung erteilt, war er jährlich durch eine Abgabe zu bestätigen. Trotz der Religionsfreiheit waren die inneren Verhältnisse nicht immer von Toleranz gekennzeichnet. Das zeigte der Gödenser Pogrom vom 5. Mai 1782, in dessen Verlauf eine Rotte von Einwohnern in vielen jüdischen Häusern die Fenster einwarf und bei dessen Niederschlagung durch die Obrigkeit zwei Bauernsöhne erschossen wurden. Eine Versammlungsstätte mit Betraum und Schule bestand seit den Anfängen. 1832 erwarb die Gemeinde wegen des Anwachsens ihrer Mitgliederzahl ein Grundstück, auf dem ein neues Schulgebäude mit Lehrerwohnung entstand. Ein deutliches Zeichen des gewonnenen Selbstbewusstseins war 1853 der Bau einer freistehenden Synagoge vom Typus der kleinen Stadtsynagoge im damals gerade aufgekommenen Rundbogenstil.[3]

1848 waren von den 789 Einwohnern des Ortes 197 jüdischen Glaubens, also rund ein Viertel. Damit lebten hier - im Verhältnis - mehr Juden als in allen anderen Orten Norddeutschlands. In absoluten Zahlen kam Neustadtgödens recht dicht hinter den wesentlich einwohnerstärkeren Städten Emden, Leer und Aurich und noch vor den ebenfalls deutlich größeren Nachbarn Jever, Wittmund und Varel. Aus dieser Zeit stammt auch der Beiname „Klein-Jerusalem" für den Ort.

Doch schon wenige Jahrzehnte später begann der schleichende wirtschaftliche Niedergang von Neustadt-

---

3) Dieser ab 1830 entstandene Stilmix verband Elemente aus Klassizismus, Romanik und früher italienischer Renaissance. Er eignete sich besonders für synagogale Neubauten, aber auch für moderne protestantische Kirchen. Von Karl Friedrich Schinkel (1781 – 1841) liegt hierfür ein Musterentwurf vor. Jüdische Bethäuser im Stil von Neustadtgödens entstanden um 1850 in ganz Deutschland.

gödens, der aus soziostrukturellen Gründen den jüdischen Bevölkerungsteil besonders dezimierte. Der preußische Marinestützpunkt Wilhelmshaven wurde nach der Reichsgründung von 1871 und vor allem durch die Wilhelminische Flottenpolitik der Jahrhundertwende zu einem Investitions- und Bevölkerungsmagneten und entwickelte sich zur Doppelstadt Wilhelmshaven-Rüstringen.

4: Die Synagoge von Neustadtgödens auf einer Postkarte von ca. 1910

Durch die Abspaltung der Wilhelmshavener Juden im Jahre 1899, die bis dahin zu Neustadtgödens zählten, verlor die Synagogengemeinde potente Förderer. 1909 lebten unter den 600 Einwohnern noch 83 Juden, 1925 bei 574 noch 25 und 1933 bei 505 Einwohnern nur noch 12. Die Wirtschaftskrisen der Weimarer Republik beschleunigten das strukturelle Defizit des Ortes.

Gleichzeitig verloren mit der Industrialisierung und den sich verändernden Handels- und Wirtschaftsstrukturen die traditionellen jüdischen Erwerbszweige auf dem flachen Lande an Attraktivität gegenüber den zahlreichen neuen Beschäftigungsmöglichkeiten in den Städten. Der Vieh- und Pferdehandel sowie die Fleischproduktion auf der Marsch hingegen blühten auf durch das Entstehen der industriellen Ballungsräume, die Bevölkerungsexplosion und das um 1870 komplettierte Eisenbahnnetz. Eine solche Marktsituation bot gute Aufstiegschancen für Vieh- und Pferdehändler gerade auch in der unmittelbaren Umgebung von Wilhelmshaven.

Vom Vater Samuel de Taube ist überliefert, dass er in der jüdischen Schule von Neustadtgödens ein Überflieger war, dem der Lehrer bald nichts mehr beibringen konnte. Bereits in jungen Jahren hat er das Viehgeschäft seines Vaters Calmer de Taube (1820 – 1905) persönlich bis Berlin und Köln und einmal sogar bis Brüssel vorangetrieben. Zu diesem Zeitpunkt besaß die Familie in Neustadtgödens in der heutigen Kirchstraße 3 ein Wohn- und Wirtschaftshaus sowie eine Hofstelle im benachbarten Sanderahm, wo zusätzlich noch Land des Grafen Wedel in Pacht stand. Als Samuel um 1885 den Betrieb übernahm, reinvestierte er die Handelsgewinne zunehmend in den Kauf von weiteren Ländereien und Hofstellen, die er selbst bewirtschaftete oder auch an andere Landwirte verpachtete. Er erzeugte so immer größere Mengen von Handelsgut, das er gleichzeitig für die unterschiedlichen Märkte diversifizierte, und entwickelte eine persönliche Leidenschaft für die Rinder- und Pferdezucht.

1906 übersiedelte Samuel de Taube mit seiner Familie nach Heppens in die Brommystraße, um den Kin-

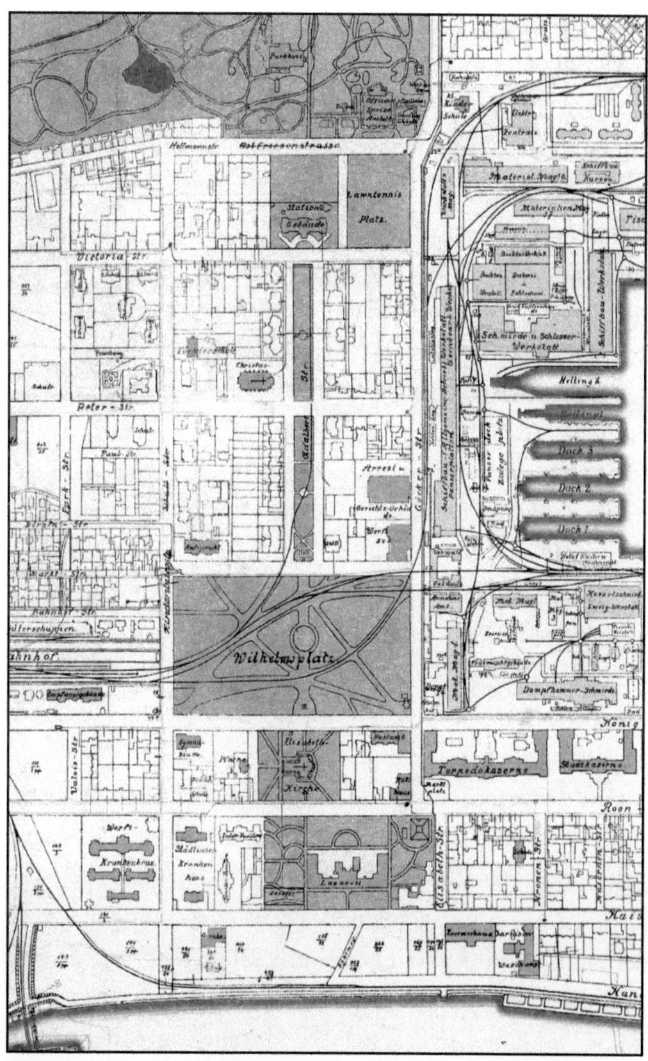

■ 5: „Lage-Plan von Wilhelmshaven, aufgestellt von der Kaiserlichen Werft, 1910". Die Familie de Taube wohnte direkt gegenüber vom Stationsgebäude in zwei Häusern an der westlichen Ecke von Adalbert- und Viktoriastraße.

dern den Besuch von weiterführenden Schulen ohne den zeitaufwändigen Schulweg mit dem Pferdewagen nach Sande und dann mit dem Zug nach Wilhelmshaven zu ermöglichen. Auch steuerliche Gründe können für den Umzug eine Rolle gespielt haben. Samuels Ehefrau Rosa hatte in der Erziehung der Kinder freie Hand und setzte zum Beispiel für ihre Töchter das Lyceum durch. Widerstand kam von einem orthodoxen Teil der Familie, die Schulbesuch am Samstag (Sabbat) ablehnte.

Die de Taubes gingen in der Hochphase der gegen England gerichteten Flottenrüstungspolitik des Wilhelminischen Kaiserreichs in eine Stadt, die bald aus allen Nähten platzte. Um weitere Kasernen für die anschwellende Zahl der Marinesoldaten zu bauen, kaufte der Militärfiskus in diesen Jahren Samuel de Taube und den Erben seines Bruders Rudolph (1852 – 1896) gegen angeblich eine Million Mark ein großes landwirtschaftliches Grundstück in Heppens ab. 1909 erwarb Samuel de Taube ein stattliches Wohngebäude im neo-klassizistischen Stil in der repräsentativen Adalbertstraße, die nach dem Vorbild des Berliner Boulevards „Unter den Linden" angelegt war. Das Haus Adalbertstraße 34 lag direkt gegenüber vom Stationsgebäude, dem schlossähnlichen Sitz der Admiralität, und dem Coligny-Denkmal.

Während des Ersten Weltkriegs, in dem auch seine Söhne kämpften, ersteigerte Samuel de Taube nach einem öffentlichen Bieterverfahren von den Erben des Bremer Consuls Wilhelm Fehrmann für 720.000 Mark das landwirtschaftliche Kronjuwel der gesamten Region - das Horster Grashaus, drei Kilometer westlich von Neustadtgödens gelegen. Das Landgut besaß ein im Jahr 1880 erbautes, stattliches Herrenhaus und mit 75 Metern die längste Scheune Ostfrieslands. Es verfügte über eine Wirtschaftsfläche von 160 Hektar und weitere Zupachtungen. Samuel de Taube trat am 1. Mai 1918, dem Datum der Nutzungsübernahme, hiermit in die Fußstapfen des weit über die Grenzen Ostfrieslands und Oldenburgs als Pferdezüchter und Lieferant für Militärpferde

■ 6: Das schlossähnliche Stationsgebäude mit der „Häuserecke" der Familie de Taube Adalbertstraße 34 und Viktoriastraße 10 (Luftaufnahme, um 1936)

bekannten Landwirts Eduard Daun (1853 – 1914), der vorher als Pächter das Grashaus bewirtschaftet hatte. Die Domäne blickte auf eine Geschichte zurück, die bis in das 16. Jahrhundert zurückverfolgt werden kann – und gehörte jetzt einem Juden. Zum Zeitpunkt des Erwerbs betrieb Samuel de Taube nach wie vor einen weitreichenden Viehhandel. Der große landwirtschaftliche Besitz war insbesondere für die Aufmästung des in der Vegetationsperiode auf Weide gehaltenen Viehs ideal und ermöglichte gleichzeitig auch die Zucht von Vieh und Pferd. Der Landwirt und Händler war zum erfolgreichen Agrarunternehmer geworden und zu diesem Zeitpunkt bereits 63 Jahre alt. Samuel de Taube tätigte diese gewaltige Investition nicht allein deshalb, um seiner Leidenschaft der Optimierung landwirtschaftlicher Abläufe und der Zucht auf einem idealen Gelände zu frönen, sondern weil er dachte, dass der Familienbetrieb bei seinen Söhnen Ernst und Robert in guten Händen liegen würde.

■ 7: Das Haus Adalbertstraße 34 um 1930

II. Robert de Taube und das Horster Grashaus

Robert de Taube besuchte bis 1906 die jüdische Volks-
schule in Neustadtgödens, die zu diesem Zeitpunkt knapp
20 Schüler aufwies. Wie er selbst erzählte, schwänzte
er, bis die Sache schließlich aufflog, mit Unterstützung
eines Knechts des Vaters häufig den Unterricht in der
Volkschule, um lieber den Vormittag auf den Weiden zu
verbringen. Anschließend trat er in die Sexta des Wilhelmshavener Kaiser-Wilhelms-Gymnasiums ein. Dort
machte ihm der Lateinunterricht aber so große Schwierigkeiten, dass ihn der Vater auf die Oberrealschule
schickte. Nach einem Konflikt mit einem Lehrer musste
er 1912 diese Schule verlassen und machte seinen Ab-
schluss 1914 auf der Oberrealschule in Oldenburg, wo er
im Haus des Landesrabbiners David Mannheimer Kost
und Logis hatte. Durch ständige Mithilfe und Beobach-
tung lernte er auch in den Jahren danach von der Pike
auf alle Facetten des Berufs des Landwirts kennen und
besuchte zusätzlich die Berufsschule in Wilhelmshaven.
Seine Militärzeit während des Ersten Weltkriegs absolvierte er von Herbst 1916 bis Ende 1918, unter anderem
bei einem Garderegiment in Berlin.

■ 8: Das Ensemble Horster Grashaus in einer Luftaufnahme von 1992

Anfang der 1920er Jahre verpachtete Samuel de Taube das Horster Grashaus an Robert und dessen sieben Jahre älteren Bruder Ernst, der ebenfalls eine Ausbildung zum Landwirt durchlaufen hatte. Ernst hielt sich meist in Wilhelmshaven auf, regelte im Wesentlichen die geschäftlichen Abläufe und führte zusammen mit dem Bruder Kurt, einem Kaufmann, ein gemeinsames Kontor mit einer Sekretärin im Souterrain der Adalbertstraße 34. Kurt besaß direkt daneben, in der angrenzenden Viktoriastraße 10, ein Haus, in dem er auch wohnte. Als Hauptlandwirt zog Robert zusammen mit seinem Vater nach Horsten, während die Mutter wegen des höheren Wohnkomforts das Wilhelmshavener Haus dem rustikalen Gutshaus vorzog. Dieses besaß nämlich nur eine stinkende Außentoilette neben der Scheune, ein zweisitziges Plumpsklo mit beweglichem Kindersitz.

Das Frischwasser musste mit der Handpumpe gefördert werden.[4]

Bereits 1923 erhielten die „Gebr. de Taube" bei der „Friesenwoche Leer" ein Diplom „für hervorragende Leistungen" verliehen. Es folgten Zertifikate der Deutschen Landwirtschaftsgesellschaft (1927) sowie eine ganze Reihe von Auszeichnungen durch das Ostfriesische Stutbuch e.V. Norden für die Zucht des ostfriesischen Warmblutpferdes. Das Horster Grashaus galt selbst in der NS-Zeit noch als Musterbetrieb und wurde bei der landwirtschaftlichen Ausbildung vorgeführt. Samuel de Taube kaufte um das Jahr 1930 herum außerdem das Gut Cospa von 120 Hektar bei Eilenburg in Sachsen und ließ es ebenfalls unter Mithilfe seiner Söhne bewirtschaften. Im Juli 1932 brannte durch plötzliche Selbstentzündung der Heumassen die Scheune des Grashauses völlig ab, einige Kälber kamen um. Das Wohnhaus konnte durch Einsatz der Feuerwehren gerettet werden.[5] Umgehend erfolgte der Neuaufbau.

Ein Grund für den großen Erfolg des Grashauses war neben dem agronomischen Wissen, dem Gespür für die Bedürfnisse der Märkte und der soliden betriebswirt-

---

4) Solche familiären Feinheiten waren Gegenstand eines in Verse gegossenen und gedruckten, angeblichen „Extra-Blatts" des „Jeverschen Wochenblatts" aus der Feder der „unverantwortlichen Redakteure Ernst, Kurt und Robert de Taube" zum 70. Geburtstag ihres Vaters im Jahre 1925. Sie werden bestätigt durch die Autobiografie von Walter John Pohl.

5) Chronik der Schule Horsten (nach Reents 45). Wegen der extrem heißen Witterung kam es im Juli 1932 zu einer ganzen Reihe von Scheunenbränden in der Region.

schaftlichen Führung sicherlich auch, dass die de Taubes es vermochten, besonders qualifizierte Mitarbeiter an sich zu binden, die häufig Jahrzehnte lang bei ihnen arbeiteten. Sie schreckten auch selbst vor keiner körperlich harten Arbeit zurück, schnackten meistens Plattdeutsch und blieben trotz des Wohlstands volkstümlich in Auftreten und Kleidung. Am frühen Morgen nahmen alle, also auch Samuel und Robert de Taube, in der „Stube" des Gutshauses ein kräftiges Frühstück ein, bei dem auch das jeweils folgende Tagewerk besprochen wurde. In den Vorkriegsjahren arbeiteten auf dem Grashaus neben den beiden Wirtschafterinnen drei Mägde, die für das zweimal täglich anfallende Melken und die allgemeine Sauberkeit zuständig waren, sowie fünf Knechte beziehungsweise Landarbeiter. Vorabeiter war Harm Eilers, der insgesamt über 50 Jahre im Dienste der de Taubes stand. Mägde und Landarbeiter wohnten teilweise in Verschlägen in der Scheune.

■ 9: Die Scheune des Horster Grashauses mit dem Pferdestall im Mai 1971

III. Die Nationalsozialisten bekommen die Macht

Die politischen Veränderungen im direkten geografischen Umfeld konnten den de Taubes nicht verborgen bleiben. Bei den Reichstagswahlen vom Mai 1924 erzielte der „Völkisch-Sozialer Block" (VSB), ein aggressiv antisemitisches Bündnis der

10: Der frühe völkische Agitator Johann „Jann" Blankemeyer (1898 – 1982) mit Fahrrad und Flugschriften (um 1924)

sich formierenden Nationalsozialisten mit den Deutschvölkischen zur Zeit der Festungshaft Hitlers, im Kreis Wittmund den republikweiten Spitzenwert von 46,4 Prozent der Stimmen. Die ebenfalls antisemitische DNVP kam auf 14,6 Prozent. In Horsten, zu dem das Horster Grashaus gehörte, stimmten 75, im angrenzenden Gödens 80,2 und in Friedeburg sogar 94,5 Prozent für den VSB.

Die Antisemiten fassten in Neustadtgödens, an das das Grashaus sozial stärker angebunden war als an Horsten, nicht so früh und breit Fuß wie in den westlichen Nachbardörfern, in denen das Landvolk dominierte. In Neustadtgödens lebten noch Reste des angestammten Kleinbürgertums, aber auch viele nach Wilhelmshaven orientierte Arbeiter; „nur" 38 Prozent stimmten 1924 für den VSB. In diesem Jahr trat in Neustadtgödens der spätere „NSDAP-Reichsredner" Johann „Jann" Blankemeyer (1898 – 1982) aus Hude auf. Auf Plattdeutsch erreichte er die Zuhörer mit seinen antisemitischen Tiraden.[6] Der „Anzeiger für Harlingerland" des Verlegers Enno Mettcker, der im Landkreis Wittmund eine Art Pressemonopol besaß, unterstützte redaktionell die extreme Rechte seit dem Anfang der Weimarer Republik. Die Zeitung verfolgte hier dieselbe publizistische Tendenz wie das ebenfalls Mettcker gehörende „Jeversche Wochenblatt", das das Amt Jever agitierte. Die politische Situation in Neustadtgödens kann bis zum Beginn der Wirtschaftskrise 1929 dennoch als demokratisch bezeichnet werden. Bei der Landtagswahl von Mai 1928 bekamen die Parteien dieses Spektrums eine deutliche Mehrheit, aber in Horsten, wenige Kilometer weiter, lag 1928 die NSDAP bereits bei 56,2 Prozent.

Bei den Reichstagswahlen von März 1933 erzielte die NSDAP im Kreis Wittmund mit 71,0 Prozent (Reichs-

---

6) Nach Haase 97f. sprach Blankemeyer beispielsweise „Vom Fluch der Rassenmischung. Warum Rassenschande schlimmer wie Mord ist." Bei Haase sind auch niederdeutsche Flugblatttexte Blankemeyers wiedergegeben.

durchschnitt 43,9 Prozent) eines ihrer Spitzenergebnisse. In Neustadtgödens kam die NSDAP auf 59,8 Prozent (162 von den insgesamt 271 abgegeben Stimmen), in Gödens auf 75,5 Prozent (336 von 445), in Horsten auf 82,6 Prozent (405 von 490) und in Friedeburg auf 85,3 Prozent (370 von 438).

Für die landständige Bevölkerung war von besonderer Bedeutung, dass der größte Grundbesitzer der Gegend, Haro Burchard Graf von Wedel (1891 – 1966) auf Schloss Gödens, bereits am 10. Februar 1932 in die NSDAP eintrat und als sozial stärkste Person am Ort bis 1937 die Ortsgruppe der NSDAP Gödens-Neustadtgödens leitete. Von ihm waren weite Kreise als Pächter landwirtschaftlicher Grundstücke oder als Landarbeiter mehr oder minder abhängig. Ein anderer Teil der arbeitenden Bevölkerung war auf der Kriegsmarinewerft in Wilhelmshaven beschäftigt. Bei diesem reichseigenen Rüstungsbetrieb wurde größter Wert darauf gelegt, nur solche Arbeitskräfte zu haben, die sich positiv zum Nationalsozialismus stellten. Diese Umstände erklären vielleicht, dass nach 1933

■ 11: Haro Burchard Graf von Wedel-Gödens (1891 – 1966) um 1955

fast die gesamte männliche Bevölkerung des Landstrichs, darunter selbst Männer im vorgerückten Alter, der SA beitrat.[7]

Dem seit Beginn der 1920er Jahre ansteigenden gesellschaftlichen Druck auf die Juden folgten nach der Machtübertragung an die NSDAP 1933 sofort antisemitische Maßnahmen der Partei, der SA und des Staatsapparats. Robert de Taube erwähnt für die Anfänge der NS-Zeit in seinen Erinnerungen den Boykott vom 1. April 1933, das Umstürzen von Milchkannen an der Straße von Horsten nach Blauhand, Schwierigkeiten beim An- und Verkauf von Weidevieh und bei der Aufnahme von Pferden in das Ostfriesische Stutbuch. Am Eingang zu der zum Grashaus führenden Allee brachte die SA das Plakat „Juden unerwünscht!" an. In Neustadtgödens und Horsten hing die SA das antisemitische Hetzblatt *Der Stürmer* in sogenannten Stürmer-Kästen aus. Bei den Kundgebungen und Umzügen der NS-Verbände wurden die üblichen „Kampflieder" und Parolen gebrüllt. Schleichend schränkten die Behörden den Radius der jüdischen Viehhändler durch Maßnahmen wie Entzug des Führerscheins oder Nichtverlängerung der Wandergewerbeerlaubnis ein, bis sie 1938 das generelle Berufsverbot aussprachen. Nichtjüdische Bauern, die ihre alten Geschäftsbeziehungen aufrecht erhielten, wurden als „Judenknechte" denunziert und bedroht. Solche Verfolgungen strangulierten in ihrer Wirkung mehr und mehr die Wirtschaftlichkeit des Grashauses und legten den Wegzug

7) Vgl. Urteil des Schwurgerichts des Landgerichts Aurich v. 6.10.1949, S. 18; sowie Wedel Parlow 81.

in weniger enge Verhältnisse innerhalb Deutschlands oder die Emigration nahe. Auch Samuel de Taube spielte spätestens 1936/37 nicht nur in Gedanken mit dem Verkauf der Ländereien, sondern beauftragte damit sogar schon einen Auktionator. Der Verkauf realisierte sich allerdings nicht und musste dann nach dem Pogrom von November 1938 unter behördlichem Zwang und in einem engen Zeitrahmen vorgenommen werden.

Am 15. März 1936 gab die jüdische Gemeinde Neustadtgödens ihre Synagoge mit einem feierlichen Gottesdienst durch den Landesrabbiner Dr. Samuel Blum aus Emden (1883 – 1951) auf. 1936 hatte die Gemeinde nur noch wenige Mitglieder und deshalb kaum noch Einkünfte zur Gebäudeunterhaltung. Der Psalm 43,5, über den der Landesrabbiner sprach, lautete: „Was betrübst du dich, meine Seele, und bist so unruhig in mir? Harre auf Gott; ich werde ihm noch danken, dass er meines Angesichts Hilfe und mein Gott ist."

Die de Taubes waren in dieser Generation im engeren Sinne nicht mehr religiös, aber wir dürfen annehmen, dass zumindest Samuel, sein in Neustadtgödens wohnender Bruder Salomon und Robert de Taube bei diesem traurigen Abschied anwesend waren. Der vier Jahre jüngere Bruder Kurt de Taube, der als Kaufmann in der Wilhelmshavener Viktoriastraße 10 im Eck direkt an der Adalbertstraße 34 wohnte, war im Vorstand der dortigen Synagogengemeinde engagiert, die 1915 eine stattliche Synagoge hatte errichten lassen.

IV. Der Pogrom gegen die Juden im November 1938

Zum vorläufigen Höhepunkt der antisemitischen Maßnahmen und der Einkreisung der Juden durch die Nationalsozialisten geriet der reichsweit initiierte Pogrom gegen die Juden vom 9. auf den 10. November 1938.

■ 12: Das Gutshaus des Horster Grashauses im Mai 1971

Er traf auch einen so abgelegenen Landstrich wie Neustadtgödens und das angrenzende Grashaus mit voller Gewalt. Zu diesem Zeitpunkt vermittelte Robert de Taube auf dem Gut jungen Juden eine landwirtschaftliche Ausbildung (Hachscherah). Ein entsprechendes Zertifikat war notwendig für die angestrebte Auswanderung nach Palästina, denn ansonsten ließ Großbritannien, die Mandatsmacht für Palästina, diese nicht zu. Es gab außer Horsten nur noch wenige Orte im Reich, an denen eine solche Ausbildung überhaupt möglich war, denn jüdische Landwirte waren ohnehin schon immer selten gewesen und zu diesem Zeitpunkt fast nicht mehr vorhanden.

Gegen ca. 3 Uhr früh am 10. November 1938 erreichte der Aktionsbefehl der übergeordneten SA-Standarte 1 in Emden den zuständigen SA-Sturm 38/1 von Gödens per Telefon. Die Anweisung lautete:

1. Die im Sturmbereich wohnenden Juden sind sofort festzunehmen.
2. Gelder und Wertsachen, die sie im Besitz haben, sind sicherzustellen.
3. Falls sich im Sturmbereich eine Synagoge befindet, ist diese niederzubrennen.[8]

Die Synagoge von Neustadtgödens wurde nicht zerstört, da sie inzwischen an einen nichtjüdischen Unternehmer verkauft worden war, der plante, hier Wohnungen einzurichten. Ziel der unverzüglich nach dem Zusammentreffen der SA-Leute auf dem Alarmplatz Schulhof beginnenden Ausschreitungen waren die sieben in Neustadtgödens zu diesem Zeitpunkt noch lebenden Juden und die elf Juden auf dem Horster Grashaus. Mit der

____

8) a.a.O., S. 19

Ausnahme der schwerkranken Johanna de Taube, der Ehefrau von Salomon de Taube, wurden sie am frühen Morgen aus dem Schlaf heraus festgenommen und zu einem Sammelpunkt verschleppt.

Auf dem Platz neben der Gastwirtschaft „Stadt Hannover" mussten sie unter Bewachung zunächst einige Stunden im Freien öffentlich ausharren. Im schräg gegenüberliegenden „Sturmbüro" der SA, das sich in der „Alten Pastorei" befand, konfiszierte derweil die SA die Geld- und Wertsachen. Die Opfer wurden einzeln hineingebracht und mussten Bargeld und Wertsachen wie Uhren und Schmuck auf den Tisch legen. Später erfolgten noch Leibesvisitationen. Der Schriftführer des SA-Sturms fertigte in dreifacher Ausfertigung eine Liste an, in der er die Namen der Festgenommenen und die abgezwungenen Werte eintrug. Der Ford-Kraftwagen Robert de Taubes wurde mit 1.115,- RM beziffert.

Zur Pflege ihrer Mutter wurde Käthe de Taube nach Hause entlassen. Die SA führte gegen neun Uhr sechzehn Personen zum „Hotel zur Deutschen Eiche", das der Synagoge schräg gegenüberlag, und sperrte sie dort in einen Saal. Die anderen jüdischen Frauen - Bertha Cohen und Rosa Stein aus Neustadtgödens sowie Anneliese Meyersohn, Edith Pinkus und Rita Pinkus vom Hoster Grashaus - kamen auf Order der SA-Standarte Emden einige Stunden später frei. Sie durften anschließend nicht ihre von SA-Posten bewachten Häuser verlassen. Das galt auch für die nichtjüdische Ehefrau von Alfred Weinberg, der Erschießung angedroht wurde, als sie aus ihrem Haus trat.

Im Laufe des frühen Nachmittags inspizierten drei höhere NS-Funktionäre die Männer in dem provisorischen Gefängnis, darunter der NSDAP-Kreisleiter und der SA-Sturmbannführer. Sie sollen zur Verschärfung der Situation beigetragen haben. Man bezichtigte Robert de Taube fälschlich des Besitzes von Munition und bedrohte ihn. Über die kommende Nacht wurden die Männer im Saal festgehalten, Decken und Kissen hatten die jüdischen Frauen zu bringen. Verpflegung besorgte der kurzfristig zur Klärung laufender Viehverkäufe unter Bewachung zum Grashaus gebrachte Robert de Taube aus eigenem Besitz.

Donnerstag, 10. November 1938, war ein Werktag. Zivilisten, Schulkinder und Personen, die auf die Omnibusse warteten, hatten direkten Zugang zum unübersehbaren Geschehen. An den Aktionen in Neustadtgödens und auf dem Horster Grashaus waren insgesamt ungefähr 80 SA-Leute beteiligt. Etwa 40 SA-Leute beherrschten zeitweilig die engen Straßen des Orts und kommunizierten auf Zuruf. Im Horster Grashaus, das die SA vollständig okkupiert hatte, wurde geplündert.

Friedrich Cohen, Richard Stein, Salomon de Taube und Alfred Weinberg aus Neustadtgödens sowie Kurt Herz, Helmut Josephs, Jan Lazarus, Rudolf Lion, Kurt Stern, Robert de Taube, Samuel de Taube und Arthur van der Wall vom Horster Grashaus wurden am Morgen des 11. November von der Polizei auf einem Lastwagen, der sonst für Viehtransporte genutzt wurde, zur Reichsbahnstation Sande gebracht. Vor der Schule, an der der

LKW vorbeifuhr, sangen unter Anleitung des Lehrers Schulkinder eines der übelsten NS-Lieder: *„Wenn's Judenblut vom Messer spritzt, dann geht's nochmal so gut. Schmeißt sie raus, die ganze Judenbande, schmeißt sie raus aus unserem Vaterlande. Schickt sie nach Jerusalem und schlaget ihnen die Beine ab, sonst kommen sie wieder heim."* [9]

Die Männer mussten auf dem Bahnhof von Sande in einen Zug mit den in Wilhelmshaven festgenommenen Juden, darunter auch Ernst und Kurt de Taube, sowie den Juden aus Wittmund einsteigen. Anschließend transportierte die Polizei alle per Bahn nach Oldenburg. Außer den nicht in die Altersvorgabe passenden Salomon und Samuel de Taube (81 bzw. 83 Jahre) sowie Jan Lazarus und Kurt Herz (14 bzw. 16 Jahre), die in Oldenburg frei kamen, wurden sie von hier zusammen mit den Juden aus Oldenburg Stadt und Land in Eisenbahnwaggons in das Konzentrationslager Sachsenhausen in Oranienburg bei Berlin verschleppt.

---

9) a.a.O., S. 31

V. Der Zwangsverkauf des Horster Grashauses

Samuel de Taube fuhr mit geliehenem Geld unverzüglich zusammen mit seinem Bruder Salomon von Oldenburg zum Grashaus zurück. Er schrieb 1942: *„Dort hausten noch die SA-Leute, und die Wirtschafterin[10] erzählte uns weinend, sie täten, als ob alles ihnen gehörte. Sie hatten alle Schränke aufgerissen und mitgenommen, was ihnen passte. Während ich mit meinem Bruder eine Tasse Tee trank, kam ein Wagen mit vier Herren vorgefahren, von denen einer der Kreisbauernführer war. Ich fragte, was die Herren wünschten, worauf ich angefahren wurde: ‚Was machen Sie denn hier noch? Sie haben hier nichts mehr zu suchen, und wenn Sie nicht gleich machen, dass Sie wegkommen, dann werden wir es Ihnen zeigen!‘ Ich sagte: ‚Es ist doch wohl noch mein Gut,‘ worauf mir erwidert wurde: ‚Ihnen gehört gar nichts, das ist jetzt alles anders. Wo sind die Bücher?‘ - ‚Die sind nicht hier, das Gut habe ich an meine Söhne verpachtet, und die Bücher werden in Wilhelmshaven geführt.‘ ‚Morgen früh um 10 Uhr sind die Bücher hier,*

....

10) Henny Hirth, nichtjüdische Haushälterin. Sie sagte im Oktober 1949 als Zeugin beim Prozess über den Pogrom von 1938 in Neustadtgödens und auf dem Horster Grashaus aus.

sonst sollen Sie sehen, was Ihnen passiert!' Ich fuhr dann mit meinem Bruder nach Wilhelmshaven. Am nächsten Morgen kamen dort ein Gestapobeamter, der Landrat aus Wittmund[11] und zwei SA-Leute von der Kreisleitung und verlangten die Bücher. Sie durchsuchten alles, nahmen die Bücher mit und was sie sonst noch wollten – alles immer unter Schimpfereien auf die Juden."[12] Die Plünderungen wiederholten sich in den nächsten Tagen noch zweimal. Am 19. November brachten zwei SS-Leute Samuel de Taube zum Sitz der Wilhelmshavener NSDAP-Kreisleitung. Der Kreisleiter[13] und die Gestapo zwangen ihn, das Haus in der Adalbertstraße unter Marktwert an die Kreisleitung zu verkaufen, ansonsten würden seine Söhne nicht aus dem KZ Sachsenhausen herausgelassen.[14]

Robert de Taube wurde am 9. Dezember 1938 fast zeitgleich mit seinen Brüdern entlassen, er schildert die Qualen dieser vier Wochen eindringlich in seinen Erinnerungen. Aus diesem Lager der SS kamen die Häftlinge nur unter der Auflage heraus, sofort die Auswanderung

11) Adolf von Nassau (1889 – 1961)

12) Erklärung von Samuel de Taube v. 17.7.1942 vor einem Rechtsanwalt in Birmingham (deutsche Version, Archiv Bundesamt für offene Vermögensfragen, Berlin, K 63/II).

13) Ernst Meyer (1905 – 1976) war vom 1935 bis 1942 NSDAP-Kreisleiter von Wilhelmshaven.

14) Eine ausführliche Darstellung der Geschehnisse während des Pogroms von 1938 auf dem Horster Grashaus und in Neustadtgödens sowie der strafrechtlichen Bewertung im Pogrom-Prozess von 1949 bei: Peters: Die jüdische Gemeinde von Neustadtgödens in der NS-Zeit [Internetartikel]. - In: www.groeschlerhaus.eu

zu betreiben und über die Haft absolutes Stillschweigen zu bewahren. Er durfte ebenfalls nicht auf das inzwischen offiziell beschlagnahmte Grashaus zurück, alle de Taubes mussten sich in Wilhelmshaven aufhalten. Erneut in ein KZ verschleppt zu werden, stand bei allen folgenden administrativen Vorgängen unausgesprochen und auch häufig direkt ausgesprochen als Drohung im Raum.

Bereits zum 10. November 1938 hatten die Behörden den Landwirt und damaligen stellvertretenden Ortsbauernführer Eilert Behrends aus Horsten zum Verwalter für die einstweilige Fortführung des Wirtschaftsbetriebs und für die Verwaltung und Veräußerung des Ernst und Robert de Taube gehörenden Pachtvermögens eingesetzt. Das lebende Inventar umfasste im November 1938 nach Auflistung von Behrends 16 Pferde, 236 Stück Rindvieh, 28 Schafe, 22 Schweine und ein paar Dutzend Hühner, aber offenbar war schon einiges weggekommen.

In den Wochen nach dem Pogrom erließ die Reichsführung eine Fülle von Verordnungen, die zügig von den nachgeordneten Behörden und den Banken umgesetzt wurden. Sie beendeten das Geschäftsleben der jüdischen Einwohner, zwangen sie unter Genehmigungspflicht in kurzer Zeit zum Verkauf ihrer Häuser, Grundstücke und Wertsachen, sperrten die Konten mit den vorhandenen und durch den Zwangsverkauf erzielten Vermögenswerten, erhoben Sondersteuern, erlaubten nur Ausgaben zum Lebensunterhalt und konfiszierten über die sogenannte Reichsfluchtsteuer, was zum Zeitpunkt der Auswanderung übrig geblieben war. Zurück blieb ein

kleiner Rest. Der einstige Millionär Samuel de Taube
hatte bei seiner Einreise nach England 10,- Reichsmark
in der Tasche.

Samuel de Taube wurde mit Schreiben vom 2. Februar 1939 angewiesen, sein Grundeigentum binnen vier
Wochen zu veräußern und es zu diesem Zweck zu einem
bestimmten Preis der Hannoverschen Siedlungsgesellschaft (HSG) zum Kauf anzubieten. Nach einem vergeblichen Protest wegen des unangemessen niedrigen Preises und einer Reihe von Einschüchterungen erreichten
die Nationalsozialisten schließlich am 21. April 1939
die Übertragung der rund 153 Hektar an die HSG. Die
Eintragung im Grundbuch erfolgte am 23. Juni 1939.
Das tote und lebende Inventar gehörte den Pächtern
Ernst und Robert de Taube jeweils zur Hälfte und wurde
bei demselben Termin im Regierungspräsidium Aurich
ebenfalls an die HSG und ebenfalls weit unter Marktwert zwangsverkauft. Die ausgefertigten Verträge lagen
zur Unterschrift bereit und durften nicht mehr verändert
werden. „In Aurich wurden wir wie Verbrecher behandelt", berichtete Samuel de Taube. Seinen Sohn Ernst
habe er folgendermaßen bei einer Beratungspause auf
dem Korridor zur Unterschrift bewegt: „Es bleibt uns
ja doch nichts anderes übrig, wir haben ja doch keine
Rechte mehr, lass uns unterzeichnen. Wir können froh
sein, wenn wir lebendig herauskommen."[15]

---

15) wie Fußnote 12; zum zeitlichen Ablauf vgl. auch Reents
46 f.

Siedlungsgesellschaften waren zur Zeit des Nationalsozialismus mit dafür zuständig, die rassistische agrarpolitische Ideologie von „Blut und Boden" umzusetzen. Im Reichserbhofgesetz vom 29. September 1933 heißt es: „Die Reichsregierung will [...] das Bauerntum als Blutquelle des deutschen Volkes erhalten. [...] Bauer kann nur sein, wer deutscher Staatsbürger, deutschen oder stammesgleichen Blutes und ehrbar ist." Die HSG bildete aus den Grundstücken des Juden Samuel de Taube einen Resthof von rund 72 Hektar, das meint das Gelände direkt um das Grashaus, und bot diesen dem Kreisbauernführer Erich Reents aus der Nähe von Wittmund zum Kauf an. Die Familie Reents ließ zunächst den Hof im Auftrag bewirtschaften und zog im Oktober 1939 selbst ein. Die sonstigen Grundstücke zur Gesamtgröße von rund 81 Hektar verkaufte die HSG an 25 Landwirte aus dem Raum Horsten zur Aufstockung ihrer Betriebe, die vorwiegend bisher nicht über Klei- bzw. Ackerland verfügten und zum Teil auch die Höherstufung ihres Hofes als „Reichserbhof" erlangen wollten.

VI. Emigrationsbemühungen

Die aus dem KZ Sachsenhausen entlassenen Brüder Ernst, Robert und Kurt de Taube mussten in regelmäßigen Abständen ihre Ausreisebemühungen persönlich bei der Gestapo nachweisen. Bereits im Dezember 1938 unternahmen sie den Versuch, in die USA auszuwandern, da hierzu in einem gewissen Maße landwirtschaftliche Vorerfahrung nützlich sein konnte. Zertifikate zum Nachweis landwirtschaftlicher Tätigkeit zur Vorlage beim Konsulat in Bremen stellten u.a. der Oldenburger Landesrabbiner Leo Trepp und ausgerechnet der genannte Kreisbauernführer Erich Reents aus.[16] Das Ziel USA zerschlug sich für die Brüder de Taube vermutlich deshalb, weil dort keine Fürsprecher die nötigen Bürgschaften leisten konnten.

Ganz anders sahen die Chancen in England aus. Dr. Robert Pohl, den die ältere Schwester Recha nach dem Tod ihres ersten Ehemanns Max Heymann in zweiter Ehe geheiratet hatte, war von 1906 bis 1919 bei English Phoenix Dynamo in Bradford, Yorkshire, beschäftigt

16) Zertifikat Trepp v. 9.12.1938, Zertifikat Reents v. 28.12.1938 (Jüdisches Museum Berlin, Sammlung Robert de Taube, 2.2; hier auch weitere Zertifikate).

gewesen. Er besaß zur britischen Insel zahlreiche alte Kontakte sowie neue, die er - bis zu seiner Entlassung durch die Nationalsozialisten - durch das Prestige eines Chefingenieurs der AEG Turbinenwerke in Berlin bekam. Den 1912 geborenen Stiefsohn Horst Heymann hatte er 1927/28 eine Quaker-Schule in England besuchen lassen. Horst brach 1933 sein wegen der nationalsozialistischen Berufsverbote zwecklos gewordenes Studium an der Technischen Hochschule Darmstadt ab, ging zusammen mit seiner späteren Ehefrau Edith Marcuse nach Birmingham und schloss dort mit Hilfe der Freunde von Robert Pohl die Ausbildung zum Elektroingenieur ab.[17] Robert und Recha Pohl folgten nach einer sorgfältigen Planung im Juni 1938. Ihr gemeinsamer Sohn Walter besuchte bereits seit April 1937 ein Quaker-Internat in Somerset.

Auf der Basis dieses familiären Netzes fanden Samuel und Rosa de Taube am 25. August 1939 in Birmingham bei den Pohls Aufnahme. Das war eine Woche vor dem Beginn des Zweiten Weltkriegs, des Luftkriegs mit England und dem Ende der Emigration dorthin. Die Pohls mussten für das jetzt mittellose alte Ehepaar aufkommen und, da die eigene Wohnung begrenzt war, sie

17) Horst Heymann (1912 – 1998) wurde 1976 als Sir Horace Heyman wegen seiner Verdienste als Entwickler und Produzent von Elektromobilen von der englischen Königin zum Ritter geschlagen. Seine Firma Smith Electric Vehicles war der weltgrößte Produzent von Elektroautos in den 1950er Jahren und im Vereinigten Königreich unter anderem durch das „Smith Milk Float", einen elektrischen Michlieferwagen, sehr bekannt.

in einem Boarding House in der Nähe unterbringen. Samuel de Taube berichtete 1946, wie am späten Abend des Tages vor der Abreise der protestantische Pastor und seine Ehefrau in das Gutshaus kamen, um ihr Entsetzen und Mitgefühl über das Geschehen auszudrücken. Seine Gemeinde sei so „verseucht", dass sie es nur nachts wagen könnten,

13: Rosa und Samuel de Taube (vorne) mit Recha und Robert Pohl 1940 in Birmingham

Abschied zu nehmen. „Unser und Ihr Gott lebt und wird Euch segnen. Er wird Gerechtigkeit und Anstand zurückkehren lassen."[18]

Mit Kriegsbeginn fiel England als mögliches Emigrationsland aus. Kurt schaffte im Februar 1940 die Ausreise in das zu diesem Zeitpunkt letzte Gebiet, das überhaupt noch Flüchtlinge aufnahm – Shanghai. Robert de Taube bemühte sich 1940, jetzt schon von Berlin aus, nach Australien und Bolivien zu kommen und lernte

18) Brief von Robert Pohl an Dr. Horton, Control Commission for Germany, South Kensington v. 10. Mai 1946 (Sammlung T. Heyman, Übersetzung H. Peters). Der Pastor war Heinrich Lahmannn (1909 – 1943 kriegsvermisst).

Spanisch und Englisch – vergebens. Ab April 1940 war die Tür aus Deutschland zu und der Völkermord an den europäischen Juden begann im Jahre darauf. Ernst de Taube und seine Ehefrau Frieda wurden 1943 von Berlin nach Auschwitz deportiert - ein Schicksal, das Robert de Taube für sich abwenden konnte.

VII. Robert de Taube in Berlin 1940 bis 1945

Mit Beginn Ende Januar 1940 organisierte die Geheime Staatspolizeistelle in Wilhelmshaven die Vertreibung der Juden in ihrem Zuständigkeitsbereich, d. h. dem Land Oldenburg und dem preußischen Regierungsbezirk Aurich (Ostfriesland). Begründet wurde die Aktion mit dem angeblich „weiterhin frechen Auftreten der Juden", der „Gefahr" jüdischer Spionage oder Sabotage in der „Grenzzonenregion" Weser-Ems oder auch mit der Wohnraumbeschaffung für „deutsche Volksgenossen". Mit solchen Sätzen hatten einige Landräte und Bürgermeister der Region schon seit Kriegsbeginn im September des Vorjahres darauf gedrängt, ihre Bezirke endlich „judenrein" zu machen. Allerdings konnte die anfänglich betriebene Deportation in das okkupierte Polen nicht beim Reichssicherheitshauptamt durchgesetzt werden.[19]

Betroffen von der Vertreibung waren fast alle im Gebiet lebenden jüdischen Männer und Frauen. Ausgenommen blieben nur die in christlich-jüdischer „Mischehe" lebenden jüdischen Partner sowie zunächst die

19) Vgl. hierzu Reyer 363 – 390; sowie Peters: Die Vertreibung der Juden aus Jever. - In: www.groeschlerhaus.eu

Bewohner der beiden jüdischen Altenheime in Emden und Varel. Alle anderen wurden zu Einzelgesprächen direkt bei der Gestapo am Rathausplatz von Wilhelmshaven, wie Robert de Taube und seine Brüder, oder auf die Landratsämter und Rathäuser vorgeladen. Innerhalb weniger Wochen hatten sie sich unter Androhung der Verschleppung in ein Konzentrationslager eine neue Unterkunft in Großstädten außerhalb der Weser-Ems-Region zu suchen. Im Unterschied zu den im Herbst 1941 beginnenden Sammeldeportationen deutscher Juden nach Osteuropa konnten die Opfer hier noch selbst eine gewisse Auswahl des Vertreibungsziels treffen. In der Praxis beschränkte sich das allerdings meist auf den Unterschlupf in „Judenhäusern" von Berlin oder Hamburg, den die örtlichen jüdischen Gemeindevertretungen zuwiesen. Da lediglich einzelne Zimmer bezogen werden konnten, blieb keine andere Wahl, als fast das gesamte verbliebene Hab und Gut zurückzulassen oder es bestenfalls unter Wert eiligst zu verkaufen.

Robert de Taube ging im März 1940 nach Berlin. Ende 1941 überstand er durch die Simulation eines Rückenleidens in dem katholischen St. Hildegard-Krankenhaus die erste Deportationswelle Berliner Juden nach Osteuropa. Danach hatte er 14 Monate Zwangsarbeit in einer Kreuzberger Fabrik zu leisten, weil den Nationalsozialisten wegen des Krieges die Arbeitskräfte auszugehen drohten. Im März 1943 entschied er sich nach der überfallartigen Deportation seines Bruders Ernst und dessen Ehefrau nach Auschwitz, die auch ihn getroffen hätte, wenn er nicht vorher gewarnt worden wäre, in den Untergrund zu gehen und irgendwie zu überleben. Nach schwierigen Anfängen auf der Straße und in kurzfristigen Unterschlupfen schuf sich Robert de Taube eine Art offenes Versteck, ein Netzwerk verschiedener Adressen und Tätigkeiten. Er fuhr als „August Schneider, Landschaftsgärtner aus Hamburg" mit öffentlichen Verkehrsmitteln ohne Papiere kreuz und quer durch Berlin und die Peripherie bis hin zur rund 50 Kilometer entfernten Spargelregion Beelitz. Er handelte mit Gemüse, Obst und Kleidungsstücken, arbeitete als Gärtner und Hausmeister und lebte nacheinander und manchmal gleichzeitig unter einem Dutzend Berliner Adressen. Ausgerechnet im noblen Villenviertel von Grunewald, bei der reichen Witwe Hanna Sotscheck-Cassirer, fand er seine beste Bastion. Als Gärtner machte er den vom namhaften Landschaftsarchitekten Georg Belá Pniower gestalteten Nachbargarten für die Erfordernisse der Kriegswirtschaft tauglich. Wegen seiner beruflichen Fähigkeiten und seines offensichtlichen Charmes hätte er im Zeichen des kriegsbedingten Männermangels in verschiedene Familien des ländlichen Umlands einheiraten können. Ohne nichtjüdische Unterstützer und ohne fast unglaublich großes Glück hätte er aber nicht überlebt. Mehrfach entkam er nur knapp den Häschern der SS und den Bomben der Alliierten, die die Reichshauptstadt in Schutt und Asche legten. Im September 1945 kam er nach einer einzigartigen Odyssee durch den Untergrund der untergetauchten Juden und parallel durch die arrivierte Berliner

Gesellschaft und nationalsozialistische Bauernfamilien
zurück nach Wilhelmshaven.

VIII. Nachkriegszeit und Tod

Mit der Befreiung Berlins durch die Rote Armee fand das Verstecken ein Ende, doch die Lebensgefahr blieb in der chaotischen Endphase des Krieges zunächst bestehen. Beim illegalen Übertritt von der Sowjetischen in die Britische Zone bei Marienborn schossen die Grenzsoldaten auf Robert de Taube. Er war unter Tausenden von anderen Deutschen, die von Ost nach West flohen, mit unterwegs, nur hatte seine Vertreibung schon Jahre zuvor stattgefunden, seinem Leben gegolten und war von seiner Heimat ausgegangen. Als er im September 1945 endlich in Wilhelmshaven ankam und seinen familiären Besitz wieder in Benutzung neh-

■ 14a: Robert de Taube bei der Arbeit auf der Weide, um 1960

men wollte, stieß er auf eine Militärregierung, die durch sein Anliegen zunächst überfordert war. Banken und Behörden warteten zögerlich ab. Robert de Taube musste feststellen, dass die Seilschaften der alten Nazis teilweise noch funktionierten. In dieser Phase halfen sein Schwager Dr. Robert Pohl und sein Vater von England aus mit zahlreichen Interventionen bei den zuständigen britischen Behörden. Ab Juni 1946 konnte er als von den Briten eingesetzter Treuhänder seine landwirtschaftliche Expertise wieder auf dem in der Kriegszeit heruntergewirtschafteten Horster Grashaus anwenden, hatte aber noch über ein Jahr lang ausführliche Berichte über seine Tätigkeit abzustatten. 1947 kehrten die Eltern aus dem Exil auf das Grashaus zurück, wo sie bis zu ihrem Tod 1948 bzw. 1949 lebten. 1949 sagte Robert de Taube als Zeuge beim Prozess gegen die Täter des Pogroms von 1938 aus. Die verschiedenen Erb-, Restitutions- und Wiedergutmachungsverfahren waren sehr komplex und aufwändig. Sie beschäftigten viele Anwälte und unterschiedliche Gerichte und zogen sich bis 1954 hin. Erst Mitte 1968 waren sie endgültig abgeschlossen. In all diesen Jahren war Robert de Taube häufig unterwegs zu den entsprechend anfallenden Terminen in Oldenburg, Bremen, Hannover und anderen Städten.

Die Verwandten, die ohne Ausnahme im Ausland lebten, waren dankbar für die Rolle, die Robert de Taube zur Klärung der Verhältnisse vor Ort übernommen hatte, und besuchten ihn bei ihren Europareisen. Im Gegenzug unternahm Robert de Taube Reisen nach England und 1976 in die USA. 1972 starb seine Haushälterin und Lebensgefährtin Olga Broers. Aus Altersgründen und da niemand aus der Verwandtschaft nachrücken wollte, verkaufte er 1973 den Hof an die Familie Korte, die ihn heute noch bewirtschaftet, und zog nach Horsten. Am 26. August 1982 starb er im Krankenhaus von Sande. Die Trauerfeier fand im Evangelischen Gemeindehaus von Horsten statt, wo ein freier Redner sprach, da Robert de Taube keiner religiösen Gemeinde angehörte. Sein Grab fand er anschließend neben den Eltern auf dem jüdischen Friedhof Marienburg bei Gödens. Neben den Verwandten und Freunden nahm auch Fritz Levy, der 1950 aus dem Exil zurückgekehrt war, teil. Zwei Monate nach dem Tod seines langjährigen Bekannten nahm sich dieser letzte Jude Jevers das Leben. Hiermit ging die Epoche der deutschen Juden der Region zu Ende.

IX. Editorische Bemerkungen

Im Frühsommer des Jahres 1971 begab sich der in Syracuse, New York, lebende Elektroingenieur Walter John Pohl mit seiner Ehefrau Madeleine auf Europareise. Sie führte über England, wo seine Eltern und er in den 1930er Jahren Zuflucht vor den Nazis gefunden hatten, und die Niederlande zum Horster Grashaus. 1924 als Sohn von Robert de Taubes Schwester Recha und ihres zweiten Ehemanns Dr. Robert Pohl in Berlin geboren, kannte Pohl das Grashaus aus seiner Kindheit. Auf diesem riesigen Bauernhof mit Vieh, Mist und körperlicher Arbeit hatte er fast jährlich seine Sommerferien verbracht. Die ländliche Einöde, das urwüchsige Viehzeug und sein Geruch – auch der von Menschen, die ohne fließend Wasser auskommen mussten - standen im aufregenden Kontrast zu einem Leben in der Metropole Berlin in einer Familie, die zur deutsch-jüdischen Bildungselite zählte und in einer Wohnung mit modernstem Komfort lebte. Johns Vater arbeitete als Chefingenieur der AEG Turbinenwerke in Berlin mit vielen internationalen Kontakten. Zwischen Berlin und dem Grashaus stand die für ein Kind atemberaubende Fahrt mit von schnaufenden und funkensprühenden Dampfloks angetrieben Zügen und dem Blick aus dem letzten Wagen auf die in der Ferne verschwindenden Schienen. Walter John Pohl, jetzt Mitte Vierzig, und in leitender Stellung bei General Electric, hatte einen Kassettenrecorder, einen Fotoapparat und eine Schmalfilmkamera dabei. Er wollte damit nicht nur seine Jugend dokumentieren, sondern vor allem die unglaubliche, bisher nur in Fragmenten dem Familienkreis bekannte Geschichte vom Überleben Robert de Taubes.

Die Grundlage der Edition der Erinnerungen von Robert de Taube bildet das über zweistündige Interview, das Walter John Pohl am 30. Mai 1971, es war der Pfingstmontag, mit seinem Großonkel Robert de Taube auf dem Horster Grashaus führte. Die drei gut erhaltenen Audio-Kassetten wurden transkribiert, wenn notwendig ins Deutsche übersetzt und auf die Erzählungen von Robert de Taube reduziert. Eine weitere Stütze war ein sechsseitiges Typoskript von Robert de Taube selbst, datiert auf den 4. Oktober 1979, in dem er ausschließlich die Jahre ab 1953 darstellt und das sich im Besitz von Timothy Heyman befindet. Während das Tonbandprotokoll vollständig wiedergegeben wird, finden sich einige Passagen dieses Berichts aus Gründen der Erzählkohärenz nicht in der Edition wieder.

Personen-, Straßen- und Ortsnamen wurden, wann immer möglich, überprüft und sind in der korrekten Schreibweise wiedergegeben. Abweichungen von der Normgrammatik sind nur vorsichtig ausgeglichen worden, um nicht den oralen Fluss der Schilderungen zu beeinträchtigen.

X. Danksagungen

Zahlreiche Menschen und Institutionen haben bei der Edition der Erinnerungen von Robert de Taube geholfen. Der besondere Dank geht an die Nachkommen und Familienangehörigen von Samuel und Rosa de Taube. Walter John Pohl und Graham Pohl (Lexington, Kentucky, USA) schufen mit ihren Audiokassetten, Fotos und weiteren wichtigen Dokumenten die Grundlage dieser Edition. Timothy Heyman (Mexico City) stellte den erwähnten schriftlichen Bericht sowie zahlreiche Familienbriefe und amtliche Dokumente aus den Jahren 1945 bis 1947 zur Verfügung, Anne Forrester (Miami, USA) gestattete die Auswertung und Veröffentlichung der von ihr dem Jüdischen Museum Berlin gestifteten, umfangreichen Dokumenten- und Fotosammlung. Alle Familienmitglieder standen für Fragen jederzeit zur Verfügung. Der besondere Dank geht außerdem an John Macgregor (England), der diese Kontakte herstellte und in vielen Gesprächen ganz wesentlich das Konzept und den Inhalt des Buches mit beeinflusste. Ein großer Dank geht an Bernhard, Dieter, Elke und Annelen Korte. Die Familie Korte bewirtschaftet jetzt seit über 45 Jahren das Horster Grashaus, pflegt aus Überzeugung das Andenken an Robert de Taube und übergab dem Herausgeber wichtige Fotos und Dokumente zur weiteren Verwendung. Dank geht an Gerd Ballou Brandt, Michael Clemens, Ewald Esselborn, Holger Frerichs, Theo Hinrichs, Stephan Horschitz, Wolfgang Jagnow, Volker Landig, Robert Peters und Hillrich Reents für zusätzliche Informationen und an Uta Esselborn, Susanne Hoffmann und Clemens Hoffmann für die konstruktive Kritik des Manuskripts.

Dank geht auch an Schwester Margret vom Archiv der Missionsschwestern Steyl, an Olaf Hoell von der Website S-Bahn-Galerie.de, an Franziska Bogdanov von der Stiftung Jüdisches Museum Berlin, an das Bundesamt für besondere Vermögensangelegenheiten Berlin, an das Stadtarchiv Wilhelmshaven, an das Schlossmuseum Jever, an den Internationalen Suchdienst in Arolsen, an die Kunstbibliothek Preußischer Kulturbesitz Berlin und an das Team von akg images Berlin.

■ 14b: Walter John Pohl im Jahre 1946 in England

■ 15: Robert de Taube im Jahre 1935

Walter John Pohl: *Ich sitze hier im Horster Grashaus mit meinem Onkel Robert de Taube, den ich zum ersten Mal seit langer Zeit besuche, und ich habe ihn dazu gebracht, uns seine faszinierende Geschichte zu erzählen. Diese ereignete sich während des Zweiten Weltkriegs, als er von den Nazis verfolgt wurde und wo er schließlich der Deportation durch geniale Einfälle entkommen konnte. Es ist der 30. Mai 1971 und ein wundervoller Pfingsttag – und Onkel Robert wird uns jetzt selbst seine Erlebnisse erzählen.*[20]

20) Transkript von Audiomitschnitten eines Interviews, das Walter John Pohl am 30. Mai 1971 mit seinem Onkel Robert de Taube führte. Die Einteilung in Kapitel erfolgte durch den Herausgeber.

1. Der Pogrom von 1938 auf dem Horster Grashaus

Ich wurde am 16. November 1896 in Neustadtgödens geboren. Mein Vater war der Landwirt und Kaufmann Samuel de Taube, meine Mutter seine Ehefrau Rosa, geborene Weinberg. Sie stammte aus Leer in Ostfriesland, ihr Vater war Schlachter. Ich besuchte die Grundschule in Neustadtgödens, kurze Zeit das Gymnasium in Wilhelmshaven und danach dort das Realgymnasium. Im Herbst 1916 wurde ich in die Armee eingezogen, aus der ich 1919 entlassen wurde. Von meiner frühesten Kindheit an half ich auf den Bauernhöfen meines Vaters mit und lernte so alle Bereiche der landwirtschaftlichen Tätigkeit kennen. Zusammen mit meinem Bruder Ernst bewirtschaftete ich nach dem Krieg das meinem Vater gehörende Gut „Horster Grashaus" von 156 Hektar sowie eine Anzahl kleinerer Landstücke in der näheren Umgebung. Mein Bruder kümmerte sich um die finanzielle Seite des Geschäfts, während ich die Oberleitung hatte. Etwa zehn Jahre später kauften wir noch das Gut Cospa bei Eilenburg in Sachsen von 120 Hektar, das wir ebenfalls zusammen leiteten. Die Güter wurden später als Modellhöfe anerkannt.

Seit dem Jahr 1933 machte uns die Hitler-Regierung ständig Schwierigkeiten und legte uns immer größere Steine in den Weg. Schon im April 1933 fing es an: Wir wurden Zielschiebe des Boykotts, sie stürzten Milchkannen an der Straße von Horsten nach Blauhand um. Später gab es große Schwierigkeiten beim Einkauf und bei der Ablieferung von Weidevieh sowie beim Vorführen und Aufnehmen von Prämienpferden in das Ostfriesische Stutbuch in Aurich. Ferner brachten die Nazis das Plakat „Juden unerwünscht!" am Eingang zu der zum Hof führenden Allee an und behinderten uns ständig beim Verkauf und Absatz unserer landwirtschaftlichen Erzeugnisse.[21]

Wir widerstanden, solange wir konnten, aber im November 1938 verhafteten sie uns. Es war der 9. November 1938, ungefähr zehn Uhr abends. Ich saß in der Stube am Radio, da hörte ich zufällig, dass gegen die Juden in Deutschland etwas unternommen würde, aber man erfuhr nicht, was und wo etwas geschehen sollte. Mein Vater war schon zu Bett gegangen, er war ja schon

21) Robert de Taube bezieht sich hier zunächst auf die erste reichsweite Boykottaktion der NSDAP vom 1. April 1933 gegen jüdische Geschäfte und Betriebe. „Deutsche, kauft nicht bei Juden!" hieß die überall verwendete Parole. Vergleichbare Plakate antisemitischen Inhalts wurden in den Jahren danach häufig an Ortsanfängen und Marktplätzen von der SA angebracht. - Bis in die 1960er Jahre standen die Kannen mit der frisch gemolkenen Milch üblicherweise zur Abholung durch die Molkerei an der Straße. – Stutbuch: In dieses Dokument werden alle zur Zucht zugelassenen Stuten eines Zuchtverbandes eingetragen. Die Eintragung und Klassifizierung der Pferde erfolgt nach ihrer Vorführung bei den Juroren des Verbandes.

83 Jahre zu der Zeit. Ich wollte erst hinaufgehen und mit ihm darüber sprechen, dann dachte ich, hier auf dem Lande würde nichts passieren – wir Juden lebten ja hier schon seit Hunderten von Jahren. Ich ging ruhig zu Bett und dachte nicht mehr daran. Es war ein großer Irrtum, ich wurde eines Besseren belehrt. Es mochte gegen ein Uhr gewesen sein, als mein Mitarbeiter Helmut Josephs[22] mich rief und aufweckte: „Herr de Taube, kommen Sie herunter, lauter SA-Männer haben den ganzen Hof umstellt!" Es mögen 15 bis 18 Leute gewesen sein, vor jedem Fenster stand ein Mann - sie wollten hereinbrechen. Ich lief im Schlafanzug von oben hinunter zum Telefon und rief Wachtmeister Pieper in Neustadtgödens an, was eigentlich los wäre. Herr Pieper erwiderte, er wüsste von

22) Helmut Josephs, geb. 1908 in Jever, befand sich mit weiteren acht jungen Männern und Frauen (Kurt Herz, Jan Lazarus, Rudolf Lion, Kurt Stern, Arthur van der Wall, Anneliese Meyersohn, Edith Pinkus und Rita Pinkus) in einer landwirtschaftlichen Ausbildung für die angestrebte Auswanderung nach Palästina (Hachschara). Helmut Josephs lebte nach der Entlassung aus dem KZ Sachsenhausen am 5. Februar 1939 in Jever und Oldenburg. Bei der Zwangsumsiedlung der Juden des Gaus Weser-Ems im März 1940 ging er in das Hachschara-Lager Paderborn, ab Januar 1941 musste er Zwangsarbeit in Bielefeld leisten. Am 2. März 1943 wurde er von dort zum „Osteinsatz" in den Buna-Werken (KZ Auschwitz-Monowitz) deportiert. Am 22. April 1943 kam er in das KZ Auschwitz, wo er am 10. Juni 1943 starb. - Der 14jährige Jan Lazarus, geboren 1923 in Oldenburg, schlief wie Rudolf Lion in dem dem Gutshaus gegenüberliegenden „Backhaus". Die SA-Leute zwangen ihn, ihnen den Garteneingang zum Gutshaus zu zeigen, durch den sie in das Haus eindrangen. Er kam am 15. November 1938 mit einem Kindertransport nach England, remigrierte nach dem Krieg und starb 2006 in Oldenburg. - Arthur von der Wall, geb. 1921 in Norden, emigrierte am 23. Mai 1939 nach England.

nichts, er wollte seinen Vorgesetzten anrufen. Ich bekam dann aber keine Antwort. Inzwischen brachen von der Gartenseite durch die Veranda etliche SA-Männer herein. Der Anführer war Haake[23], er stammte aus der Nachbarschaft. Er fragte mich in frechem Ton, was ich gerade gemacht hätte. Ich erwiderte, dass ich die Polizei angerufen hätte, weil sie hier einbrechen wollten. Haake beschimpfte mich und trieb mich mit seinem Gewehr nach oben. Ich sollte mich sofort anziehen. Es war dunkel, das Licht brannte nicht mehr, so dass ich mich so schnell nicht anziehen konnte.

Durch das Geschrei der Leute wurde mein alter Vater[24] wach und sah unter der Bettdecke weg. Das sah ein SA-Mann, er musste sofort aufstehen und ebenfalls ins Erdgeschoss kommen. Als ich nach unten kam, hatten die SA-Leute alles aufgewühlt und die Schränke aufgerissen und nach Wertsachen gesucht. Die Leute schrien mich an: „Wo hast du dein Geld?" - Ich sagte ihnen: „Ich habe kein Geld, ich schreibe bloß Schecks!" Der

....

23) Friedrich Haake (geb. 1897) aus Altgödens. Er war 1938 als SA-Oberscharführer mit der Führung des SA-Sturms Neustadtgödens beauftragt. Im Prozess wegen des Pogroms von 1938 in Neustadtgödens und auf dem Horster Grashaus wurde er im Oktober 1949 zu neun Monaten Gefängnis verurteilt.

24) Samuel de Taube (1855 Neustadtgödens – 1949 Horster Grashaus). Die Ehefrau Rosa de Taube geb. Weinberg (1861 Leer - 1948 Horster Grashaus) wohnte im November 1938 in Wilhelmshaven. Das Ehepaar emigrierte am 25. August 1939 nach England und kam 1947 nach Horsten zurück.

junge Joosten[25], der mir gut bekannte Sohn eines benachbarten Bauern, kam herein und ich fragte ihn, was dieses bedeuten sollte. „Ihr Juden habt den Delegationsrat von Rath erschossen!", worauf ich erwiderte: „Ihr seid wohl verrückt geworden."

Dann spannten sie für Vater und mich eines der Pferde vor einen Wagen. Mein alter Vater und meine Person konnten per Wagen nach Neustadtgödens in Bewachung zweier SA-Männer gefahren werden. Zu dieser Zeit hatten wir einige jüdische Mädchen und Jungen als Arbeitskräfte auf dem Hof. Sie wurden ebenfalls verschleppt. Meine jungen Leute mussten zu Fuß gehen. Wir wurden nach Neustadtgödens gebracht zum „Hotel Janssen".[26] Dort mussten wir uns, zusammen mit den übrigen Juden des Ortes[27], in der Halle im ersten Stock aufhalten, wo sie uns einen Tag und eine Nacht gefan-

----

25) Elimar Joosten (geb. 1909) aus Gödens-Wedelfeld. Sein Vater hatte einen 66 Hektar großen Hof vom Grafen Wedel auf Schloss Gödens in Pachtung.

26) „Hotel zur Deutschen Eiche" in der heutigen Kirchstraße, schräg gegenüber der Synagoge.

27) Friedrich Cohen (1888 Neustadtgödens – 1941 dep. nach Riga) und seine Ehefrau Berta, Richard Stein (1885 Neustadtgödens - 1942 Minsk/Ghetto) und seine Ehefrau Rosa geb. Wertheim (1881 Netra – 1942 Minsk/Ghetto), Salomon de Taube (1858 Neustadtgödens – 1942 dep. nach Auschwitz) und seine Tochter Käthe (1899 Neustadtgödens – 1943 dep. nach Auschwitz) sowie Alfred Weinberg (1896 Neustadtgödens – 1974 Neustadtgödens), dessen nichtjüdische Ehefrau nicht verhaftet, aber bedroht wurde. Käthe de Taube kam nach kurzer Zeit zur Pflege ihrer kranken Mutter frei. Nach einigen Stunden konnten die Frauen in ihre von bewaffneten Posten bewachten Wohnungen zurück.

gen hielten. Wir bekamen allerdings auch Kaffee und Kuchen, des Nachts lagen wir auf dem Boden. Die SA-Leute machten sich inzwischen im Hause breit und ließen sich bedienen.

Gegen Morgen kam neue Bewachung, die Leute wurden mit einem Male deutlich unfreundlicher. Die Wertsachen, Geld und Uhren, mussten abgegeben werden. Dann tauchte ein Viehwagen auf, den ich kannte, er gehörte Herzog, einem Einwohner von Neustadtgödens. Die Klappe wurde aufgemacht und wir wurden wie das Vieh über die Rampe aufgetrieben. Dann fuhren sie uns durch Neustadtgödens zum Sander Bahnhof, dort stand ein Zug aus Wilhelmshaven. Wir mussten den Viehwagen verlassen und in den Zug einsteigen. Hier trafen wir meine Brüder Kurt und Ernst und sämtliche Juden aus Wilhelmshaven. In Oldenburg angekommen, zwangen sie uns, den Zug zu verlassen und in Reih und Glied durch die Stadt zu marschieren bis zum Platz Pferdemarkt bei der Kaserne.

Hier mussten wir in Linie Aufstellung nehmen, dann wurde abgezählt, ob auch alle da wären. Ein höherer Offizier hatte das Kommando. Ich hatte mir Mut gefasst, trat vor und fragte, ob sie noch mehr alte Leute mitnehmen wollten sowie die kleinen Kinder. Der Offizier fragte: „Wo sind die alten Leute?" Ich sagte, mein Vater sei 83 und mein Onkel 81 Jahre alt; darauf konnten sie fortgehen. Ebenso war es mit meinem jungen Jan Lazarus, der 14 Jahre alt war und aus Oldenburg stammte.[28] Wie ich später in Erfahrung bekommen habe, hatten mein Vater und Onkel kein Geld bei sich, sie haben sich das Geld für die Rückfahrt gepumpt. Als mein Vater und Onkel fort waren, mussten wir zurück zum Bahnhof Oldenburg. Am Bahnhof angekommen, mussten wir wieder in den Zug einsteigen. Wir hatten keine Ahnung, wohin.

■ 16: Die Juden Oldenburgs und der Umgebung wurden am 11. November 1938 durch die Straßen der Stadt getrieben, darunter auch Robert de Taube

28) Die Altersvorgabe schloss die unter 17 und die über 60jährigen Juden aus. Außer dem 14jährigen Jan Lazarus, der im Jahre 2002 in einem Interview die Intervention Robert de Taubes bestätigte, wurde vom Horster Grashaus in Oldenburg auch der 16jährige Kurt Herz entlassen.

2. KZ Sachsenhausen, zurück in Wilhelmshaven und Zwangsumsiedlung nach Berlin

Wie lange wir genau gefahren sind, weiß ich nicht mehr, aber ziemlich lange hatten wir unter Aufsicht der Gestapo zugebracht, als der Zug hielt. Wir wurden mit Peitschen und Stöcken hinausgetrieben. Einige von uns stolperten und fielen hin – sie trampelten auf ihnen mit ihren Stiefeln herum. Auf der Fahrbahn wurde ein alter Mann aus Esens von SS Männern, da er nicht laufen konnte, so mit Füßen getreten, dass er liegen blieb. Wie Vieh wurden wir weitergetrieben - wir hatten keine Ahnung, wohin sie uns treiben würden. Nach einem längeren Marsch hielten wir vor einem großen Tor und mussten lange stehen. Nach langer Zeit wurden wir in den Hof eingelassen, mussten erneut Aufstellung nehmen und durften uns nicht rühren. Wir wurden beschimpft und wie Tiere behandelt, überall hingen Plakate mit Aufschriften wie „Juden sind unser Unglück und Verbrecher!". Es kamen viele Transporte von Juden aus ganz Deutschland und sonst woher. Zwölf Stunden mussten wir draußen stehen, ohne uns rühren zu dürfen, kein Trinken, kein Essen.

Nach langer Wartezeit wurden wir zum Brausebad geführt und dann zur Baracke 42, wo wir uns dichtgedrängt aufhalten mussten, es gab gerade so viel Platz, dass alle flach auf dem Fußboden liegen konnten. Schlafen war kaum möglich. Hier traf ich eine ganze Reihe von guten Bekannten. Des Nachts kamen SS-Leute und trieben uns mit Gewalt hinaus - wir mussten dann draußen auf- und niederspringen. Ich hatte immer noch keine Ahnung, wo dieses Lager sich befand. Es war durch hohe Zementpfähle und Stacheldraht, elektrisch geladen, abgezäunt. Viele von unseren Kameraden liefen zur elektrischen Einfriedung und suchten den Tod.

Am nächsten Tag wurden die arbeitsfähigen Leute ausgesucht und in Arbeitskommandos eingeteilt, die anderen kamen wohl nach Auschwitz zur Vergasung.[29] Es wurden Leute für die Ziegelei, zum Dachdecken, für das Entladen von Schiffen und für Bauarbeiten ausgesucht. Von der Ziegelei kamen oft Leute nicht wieder zurück. Da hieß es „Auf der Flucht erschossen!" Beim Antreten zur Ziegelei trat ich heimlich zurück und ging mit der Baudivision, das war mein Glück. Ich war ständig in Unruhe, bei einem Außenbaukommando arbeiten zu müssen

---

29) Das Vernichtungslager Auschwitz-Birkenau wurde drei Jahre später eingerichtet. Robert de Taube benutzt hier „Auschwitz" als Synonym für den Holocaust. Zum Zeitpunkt des Interviews war der zeitliche Ablauf der Vernichtung der europäischen Juden der Bevölkerung nur ungefähr bekannt. - Die Zahl der in das KZ Sachsenhausen im November 1938 verschleppten Juden wird auf zwischen sechs und zehn Tausend geschätzt. Ungefähr 400 von ihnen kamen bis Anfang 1939 um. Robert de Taube hatte die Häftlingsnummer 9979.

– Ausladen von Zementsäcken von 100 Pfund von einem
Schiff, über eine schmale Gehplanke. Immer treiben sie
uns mit Stöcken überallhin. Über die Verpflegung brauche ich wohl nichts zu erzählen, denn diese war unter
aller Kanone. Mein ältester Bruder gab mir von seinem
wenigen oft noch etwas ab. Was sich sonst noch dort
alles zugetragen hat, ist allen bekannt geworden.

Jeden Tag hoffte ich, dass ich wieder entlassen würde, denn ich hatte ja nichts verbrochen. Die Tage und
Wochen gingen hin. Zunächst, nach drei Wochen, kamen meine Brüder Ernst und Kurt frei, später nach vier
Wochen, war ich an der Reihe.[30]

Ich fuhr nach Wilhelmshaven, nach Horsten durfte
ich nicht zurück. Jetzt musste ich mich jeden Tag bei der
Gestapo in Wilhelmshaven melden. Alle unsere Bank-
konten waren gesperrt, das Vermögen war beschlagnahmt und wir konnten unsere beruflichen Geschäfte
nicht fortsetzen. Das Schlimmste jedoch war immer,
wenn ich mich bei der Gestapo melden musste. Sie hatten ein eisernes Tor dort, im Gestapogebäude am Rathausplatz, welches sie jedes Mal hinter uns abschlossen.

Ende Januar 1940 wurde mir und meinen Brüdern
dort vom Gestapoführer Kaiser eröffnet, wir müssten
Wilhelmshaven verlassen, da es Festungsgebiet sei. Wir
konnten wählen - Hamburg oder Berlin. Da ich meine
Militärzeit in Berlin verbracht hatte, 1916 dort beim
Garderegiment war und die Stadt gut kannte, wählte

---

30) Robert de Taube wurde am 9. Dezember 1938 aus dem
KZ Sachsenhausen entlassen.

ich Berlin. Ich kann mich noch entsinnen: Als ich meine Koffer zur Bahn brachte, war gerade ein Angriff der Engländer, so dass ich Zuflucht suchte in den ausgehobenen Gräben beim Hotel Loheyde am Bahnhof. Es gab dort einige Gräben, die speziell für diesen Zweck angelegt worden waren. Die Engländer haben an dem Tage ein Schlachtschiff von uns versenkt.[31] Im Inneren war ich irgendwie glücklich, dass die Briten die Marineeinrichtungen angriffen. Erst am nächsten Tag fuhr ich nach Berlin.

....

31) „Hotel Loheyde" gegenüber vom Hauptbahnhof. Am 11. März 1940 versenkte ein britischer Bomber ein deutsches U-Boot vor Schillig-Reede, 58 Seeleute starben. Die „Umsiedlungskosten" (z.B. „20,20 RM Fahrkarte nach Berlin") musste sich de Taube zur Auszahlung von seinem Sperrkonto bei der Oldenburgischen Landesbank, Filiale Wilhelmshaven, beim Oberfinanzpräsidenten Weser-Ems, Devisenstelle, genehmigen lassen. Die Abmeldung de Taubes, der zu diesem Zeitpunkt in der Grünstraße 12 wohnte, ist schon auf den 8. Febr. 1940 datiert.

3. Berlin, Hektorstraße; Versteck im Krankenhaus

In Berlin angekommen, suchte ich mir eine Unterkunft und bekam glücklicherweise ein Zimmer in der Hektorstr. 5, Halensee, bei Frau Leschziner. Besser hätte ich es gar nicht treffen können.[32] Sie war eine großartige Frau, deutlich älter als ich und sehr mütterlich veranlagt. Anfangs wusste ich gar nicht, dass sie polnisch und jüdisch war, das erzählte sie mir erst nach einiger Zeit. Da ich meine Auswanderung bereits längere Zeit betrieb, versuchte ich Unterricht zu nehmen in Spanisch und Englisch. Mit dem Spanischen kam ich nicht klar, aber ich lernte ein bisschen Englisch. Ich hatte auch einen guten Sprachlehrer gefunden, einen guten Freund. Er erzählte mir, er wäre in der ersten Zeit ein begeisterter Hitler-Anhänger gewesen und hätte das Abzeichen eines SS-Mannes besessen. Bis zu dem Tage, an dem festgestellt wurde, dass er nicht arisch war. Seine Mutter war Jüdin, sein Name war Auerbach.

32) Guste Leschziner geb. Kiwi, geb. 1884, am 18.10.1941 von Berlin-Grunewald deportiert nach Lodz, ermordet am 7.5.1942 im Vernichtungslager Chelmno. Der Transport war der erste von insgesamt ungefähr 80, die zwischen 1941 und 1945 über 50.000 Juden aus Berlin in die Ghettos und Vernichtungslager verschleppten.

Herr Auerbach sagte mir, er hätte Angst, dass er eines Tages abgeholt würde, da er als alter Kämpfer gefährdet sei. Es muss 1940 gewesen sein: Ich fuhr ahnungslos zur Unterrichtsstunde, klopfte an der Tür - es wurde nicht geöffnet. Eine Frau, es muss wohl die Portiersfrau gewesen sein, sagte mir, Herr Auerbach wäre abgeholt worden. Ich war sehr traurig darüber, er konnte sechs Sprachen und war hochintelligent. Ich hatte versucht nach Australien zu kommen, ferner in die USA und nach Bolivien, aber alles vergebens. Ich lief von einem Konsulat zum anderen.

Eines Tages, im Oktober 1941, erzählte mir Frau Leschziner, dass sie von der jüdischen Gemeinde ein Schriftstück bekommen hätte und auch für mich - zum Ausfüllen über Vermögensverhältnisse und Personalien. Ich fragte Frau Leschziner, was das zu bedeuten hätte. Darauf sagte sie mir, wir würden wohl nach Polen geschickt werden. Ich ahnte nichts Gutes. Und am nächsten Morgen blieb ich im Bett. Frau Leschziner fragte mich, warum ich nicht aufstehen wollte: „Wollen Sie nicht zum Unterricht gehen?" Ich sagte ihr, dass ich krank sei und furchtbare Schmerzen im Rücken hätte. Ich tat ihr sehr leid und bat sie, einen Arzt zu besorgen, darauf erwiderte sie mir: „Zu uns kommt niemand mehr! Sie machen bei Juden keine Visite." Wir alle trugen den gelben Stern, durften nur zwischen vier und fünf Uhr nachmittags für Einkäufe auf die Straße - und zu dieser Tageszeit waren die meisten ohne Bezugsschein erhältlichen Produkte schon ausverkauft. Zufällig kannte ich

einen Arzt in der Nähe, der eine arische Frau hatte, und
bat sie dort anzurufen, dass er käme. Freudestrahlend
kam sie zurück und sagte, der Herr Doktor käme gleich.
Es mag wohl eine Stunde vergangen sein, dann kam er:
„Na, mein Herr, was fehlt Ihnen denn?" Ich sagte ihm,
ich hätte sehr große Schmerzen im Rücken und könnte
mich nicht bewegen. Er untersuchte mich ziemlich genau. Dann meinte er, ich hätte irgendetwas an der Wir-
belsäule, wohl durch die Kälte. Ich sollte Wärmekissen
und eine Bandage nehmen, und er wollte mir etwas zum
Einreiben geben. Ich erwiderte: „Herr Doktor, hier kann
ich nicht bleiben. Geben Sie mir eine Überweisung ins
Krankenhaus." Darauf erwiderte er: „Es nimmt Sie kein
Krankenhaus mehr auf!"

Inzwischen kam Frau Leschziner herein und ich
bat sie, sofort das St. Hildegard-Krankenhaus Charlottenburg anzurufen, ob ich dort aufgenommen werden

■ 17: Das St. Hildegard-Krankenhaus in Charlottenburg in einer unda-
tierten Aufnahme

könnte- in der 1. Klasse! Ich hoffte, sie würden mich vielleicht noch aufnehmen – es war ein katholisches Krankenhaus. Den Arzt bat ich, solange zu bleiben, bis wir die Antwort bekämen. Vom Portier aus rief sie das Krankenhaus an und kam nach 10 Minuten wieder und sagte: „Herr Doktor, mein Mieter kann dort gleich hinkommen." Darauf gab der Doktor mir eine Überweisung zum St. Hildegard-Krankenhaus. Er sagte: „Gut, ich versuche es, aber Sie werden wahrscheinlich dennoch irgendwo anders hingeschickt werden."– Dann kam meine Hauswirtin herein, sie weinte, weil ich sie verließ. „Wie wollen Sie dort hinkommen, wir können doch niemanden bekommen, weil wir Juden sind!" Darauf ich: „Rufen Sie die Notambulanz an, es wäre dringend." Die liebe, gute Frau Leschziner bat ich, noch einmal zu telefonieren, es dauerte nicht lange, dann kamen zwei Mann mit Tragbahren drei Treppen hoch, um mich zu holen. Sie fragten, ob ich einen Überführungsschein hätte. Ich sagte, der liege dort auf dem Schreibtisch. Und was mir fehlte? „Ich habe Blinddarmentzündung". Ich wurde auf die Tragbahre gehoben und langsam die Treppen hinuntergebracht und zum Hildegard-Krankenhaus, Charlottenburg, Thüringer Allee 12, gebracht.

Die Oberin, eine katholische Nonne, nahm mich in Empfang und war sehr besorgt um mich.[33] Eine Kranken-

---

33) Das katholische St.-Hildegard-Krankenhaus befand sich in den Jahren 1934 bis 1974 in der Trägerschaft der Steyler Missionsschwestern. Von Herbst 1941 bis 1947 war Schwester Silvia, Maria Lohscheller (1886 – 1954), Oberin des Krankenhauses. Robert de Taube befand sich laut Krankenjournal

schwester brachte mich zu Bett, denn ich konnte mich ja angeblich nicht bewegen. Nach einer Zeit kam sie mit einem Fieberthermometer zurück, um meine Temperatur zu messen. Fieber aber hatte ich nicht. Dann sagte sie, der Oberarzt würde mich noch aufsuchen. Gegen Abend kam er dann, untersuchte mich eingehend und fragte mich, wo ich hauptsächlich Schmerzen hätte. Ich sagte: „Im Rücken." Er gab der Krankenschwester genaue Anordnungen. Ich bekam im Rücken ein Pflaster und die Glieder wurden eingerieben. Ich war sehr müde von der Aufregung und kam schnell in den Schlaf. Als ich am Morgen früh aufwachte, überlegte ich mir, wie ich mich weiter verhalten sollte. Um 7 Uhr kam die Nonne und gab mir das Thermometer. Es war natürlich nicht ganz leicht, krank zu spielen. Ich fing an, das Thermometer zu reiben bis 38,9 Grad. Nach einer Zeit kam die Krankenschwester, um es abzulesen. Sie sagte mir, es sei sehr hoch. Ich lernte daraus, dass das Fieber morgens besser nicht so hoch sein sollte. Nun wusste ich Bescheid. Eine Zeit sorgte ich dafür, dass die Temperatur am Morgen zu hoch war – und niedrig am Abend. Das hat sie verwirrt. Und zunächst aß ich überhaupt nichts.

....

„vom 12.10.41 – 1.12.41 wegen Lumbago und Grippe-Bronchitis in stationärer Behandlung unseres Krankenhauses." (Auskunft vom 2. Mai 1952 an Robert de Taube) Nach seinem Bericht ist er ungefähr bis Anfang Januar 1942 im Krankenhaus verblieben. Wenn kein Erinnerungsfehler vorliegt, ist die zeitliche Diskrepanz eventuell dadurch zu erklären, dass die medizinische Behandlung eingestellt wurde, als Robert de Taube Weihnachten den Sinn seines Krankenhausaufenthalts offenbarte.

Wenig später kamen zwei Nonnen, brachten mich auf einem Bettwagen zum Röntgen. Es wurde alles Mögliche getan, Blutuntersuchung, Urin usw. Die Oberschwester und der Oberarzt kamen jeden Tag. Das Fieber hatte sich inzwischen daran gewöhnt: morgens nicht so hoch, abends etwas höher! Ich war glücklich, ein Dach über dem Kopf zu haben und blieb dort annähernd sechs Wochen.

Eines Tages bekam ich Besuch von dem Herrn Pater, er wollte mich zum katholischen Glauben bekehren. Ich sagte ihm, meine Seele hätte sich noch nicht dazu durchgerungen. Tag für Tag wurde ich mit dem Wagen über den Hof gefahren und massiert und bekam Höhensonne und Bestrahlung. Manchmal kam die Oberschwester und ich gab ihr ab und an 50 Mark als Unterstützung für ihre Organisation. Inzwischen wurde es Weihnachten und alles wurde zum Weihnachtsfest vorbereitet von den Nonnen. Ich hatte für meinen Oberarzt – der Chefarzt war natürlich zum Militär eingezogen - ein kleines Kuvert mit Geld auf den Tisch gelegt und für die Oberin auch dasselbe. Als der erste Weihnachtstag anbrach, kam morgens der Oberarzt und untersuchte mich nochmals gründlich, dann sagte er zu mir: „Nun haben wir es geschafft, Sie können bald entlassen werden."

Ich erwiderte ihm: „Lieber Herr Doktor, Sie haben es geschafft, bloß ich noch nicht. Sie dürfen mich noch nicht entlassen, solange die Transporte noch fortgehen und die Gestapo nach mir sucht." Dem lieben Herrn Doktor Oberarzt ging allmählich das Licht auf und er begriff, worin meine Krankheit bestand. „Herr Oberarzt, auf dem kleinen Tisch liegt eine kleine Aufmerksamkeit zu Weihnachten für Sie." Nach einigen Minuten der Besinnung sagte er mir: „Um Gottes Willen, Sie können jetzt noch nicht entlassen werden. Sie sind noch nicht ganz gesund und müssen noch etwas bleiben." Ich war natürlich beruhigt.

Als das Weihnachtsfest vorbei war, kamen häufiger Bombenangriffe und wir wurden von den Nonnen mit den Betten in den Keller gefahren. Es mochten wohl 14 Tage seit Weihnachten vergangen sein, da kam die Oberin eines Tages an mein Bett und sagte mir, dass die Gestapo täglich anriefe und sich nach meinem Befinden erkundigte und wann ich entlassen werden würde. Ich sagte ihr, dass ich noch heute verschwinden würde, und bat sie, das strikt geheim zu halten. Sie bestellte ein Taxi für mich, das mich nach Wilmersdorf brachte, wo ich nach einem Zimmer zur Miete Ausschau hielt.

4. Freisingerstraße, Deportation des Bruders und seiner Ehefrau

Ich hatte wiederum großes Glück, denn meine Schwägerin wusste mir ein Zimmer zu besorgen – im Hinterhaus der Freisingerstr. 18, Schöneberg, bei Frau Birnbaum. Hier konnte ich für eine längere Periode bleiben. Zu dieser Zeit musste ich mich wieder offiziell melden und bekam von der Gestapo einen Zwangsarbeitsplatz in einer Fabrik in Kreuzberg auferlegt, die Bauteile für Flugzeuge herstellte, bei der Deutschen Benzinuhren-Gesellschaft Aerobau Lehmann, Berlin SW, Belle-Alliance-Straße.[34] Mein Bruder Ernst arbeitete in einer anderen Abteilung des Betriebs. Er und seine Frau wohnten in demselben

---

34) Robert de Taube leistete hier Zwangsarbeit von Januar 1942 bis Februar 1943.Die Produktionsstätte der Rüstungsfirma befand sich am heutigen Mehringdamm 22/28. Da der Wirtschaft mit zunehmender Kriegsdauer die deutschen Arbeiter ausgingen, wurden allein in Berlin über eine halbe Million ausländischer Zivilisten, Kriegsgefangene, KZ-Häftlinge sowie zeitweise auch deutsche Juden wie Robert de Taube eingesetzt. Sie arbeiteten nicht nur in der Rüstungsindustrie, sondern in der gesamten Wirtschaft. Meist waren sie in Lagern unterschiedlicher Art untergebracht, deren Zahl auf 10.000 geschätzt wird, darunter rund 1.000 Barackenlager.

Haus der Freisingerstraße vorne mit einer Familie Levy zusammen. Die Levys nahmen sich eines Tages das Leben, da für sie die Aussicht durch Nachricht von Verwandten, die man schon vorher nach Polen verfrachtet hatte, zu schrecklich war. Bei Frau Birnbaum wohnten noch ein Herr Walter und jetzt ich als Untermieter.

Eines Tages sagte Frau Birnbaum zu mir, sie habe Bescheid bekommen, dass sie nach Polen geschickt werden sollte und die Gestapo wahrscheinlich heute Abend käme, um sie zu

18: Ernst de Taube (1889 Neustadtgödens – 1943 deportiert nach Auschwitz) in einer Aufnahme von ca. 1903

holen. Da möchte ich den Herren doch sagen, dass sie sich wahrscheinlich das Leben genommen und ich keine Ahnung hätte, wo sie wäre.

Es kam genau, wie Frau Birnbaum mir berichtet hatte. Es mag gegen zehn Uhr abends gewesen sein, da kamen zwei Herren, klingelten und fragten, wo Frau

Birnbaum sei. Ich sagte den Herren, Frau Birnbaum wohne in dem Zimmer. Nach kurzer Zeit klopften sie an meine Tür, ob ich nicht wüsste, wo Frau Birnbaum sei. „Es tut mir leid, ich habe sie heute Abend nicht gesehen" - und ging mit ihnen in ihr Zimmer. Ich machte die Herren darauf aufmerksam, dass ein Brief auf dem Tische lag. Sie machten den Brief auf und sagten nichts. Ich wusste, was darin stand, ich hatte Frau Birnbaum ja gesagt, sie sollte den Brief schreiben. Die Tür wurde abgeschlossen und die Herren gingen fort. Mich haben sie nicht gefragt, wer ich sei. Ich war im Augenblick sehr erleichtert darüber, denn ich hatte auch etwas Angst. Meine Frau Birnbaum hat den Krieg überlebt, ich traf sie nach 1945 in Berlin zufällig. Sie erzählte mir, dass sie sich bei Bekannten in der Umgebung von Berlin aufgehalten hätte.

Nun war ich alleine in der Wohnung und fuhr tagtäglich zu meiner Arbeitsstätte, die mir von der Gestapo angewiesen worden war. Einkaufen durften wir Juden nur von fünf bis sechs Uhr, in den Gemüsegeschäften war dann die Ware fast weg. Die Gemüsefrau in der Nähe war sehr nett, sie hatte Mitleid mit uns und so bekam ich doch noch etwas. Auch der Schlachter gab uns auf die Marken immer etwas mehr, er konnte sehen, dass wir den Judenstern trugen.

Ich lernte über Bekannte ein junges Mädchen kennen, die Jüdin war und mir sehr gut gefiel; wir waren oft zusammen, sie wohnte ganz in der Nähe. Den einen Tag kochte ich und den anderen meine Freundin. Sie musste auch Zwangsarbeit leisten, und zwar bei Siemens. Eines Tages holte sie mich ab, um bei ihr anschließend zu essen, und wir gingen dann um sechs Uhr nachmittags zu ihr. Dabei fiel mir auf, dass in der Straße komische Wagen und Leute standen. Ich bat sie, nicht in die Wohnung zu gehen, da bei ihr das Licht brannte. Sie sagte mir: „Du bist immer so ängstlich." Sie ging alleine oben in die Wohnung, ich blieb auf der Treppe stehen. Dann, es dauerte nicht lange, kam sie mit SS-Leuten wieder herunter, die sie zu dem wartenden Wagen brachten. Ich ging schnell nach Hause und war sehr traurig darüber. Am nächsten Tage bekam ich durch irgendjemanden einen Brief zugesandt, dass ich doch protestieren sollte. Ich ging zu der Firma und bat sie, dass sie doch Einspruch erheben sollte. Der betreffende Herr sagte mir: „Es ist unsere beste Kraft, wir wollen es versuchen", - und dabei ist es geblieben. Diese Herren konnten auch nichts dagegen machen. Die gute Person ist auch nach Auschwitz gekommen, ich habe nie wieder etwas von ihr gehört. Bei der Benzinuhrengesellschaft waren außer mir noch vier weitere Juden beschäftigt auf dem Lager. Mein Vorarbeiter, er hieß Beelitz, war sehr nett zu uns allen, er wusste genau, dass wir nicht viel zu essen bekamen. Die Ernährung war sehr unangemessen. So nahm er uns oft die schwere Arbeit etwas ab und ließ regelmäßig zu, dass ich mich hinter den vielen Kisten und Produktionsteilen verstecken konnte, so dass ich mich hier ein bisschen erholen konnte.

Ich hoffte immer, dass der Krieg sich seinem Ende nähern würde - leider war es nicht der Fall, die Tage gingen dahin. Eines Tages kam die Sekretärin oben auf den Boden, wo ich arbeitete, und sagte mir: „Ich muss Ihnen etwas sagen – es wird mir den Hals kosten, wenn Sie es je erzählen –, aber kommen Sie morgen bloß nicht zur Arbeit. Sie planen etwas gegen Sie und Ihre Leute. Erzählen Sie niemandem davon, aber warnen Sie auch Ihren Bruder." Ich ging nach Hause, suchte meinen Bruder und die Schwägerin auf und sagte ihnen, was die Sekretärin mir mitgeteilt hatte. Sie waren damit einverstanden, dass sie nicht am anderen Tag zur Arbeit gehen wollten. Den nächsten Morgen ging ich wieder zu ihnen, Gott sei Dank war Ernst zu Hause geblieben. Meine Schwägerin bat mich, dass ich heute Mittag zu ihnen kommen sollte, denn sie hätten zwei Hühner bekommen von unserem früheren Verkaufsvermittler Jakobs aus Dresden! Ich sagte zu, müsste aber erst zum Arzt Dr. Mendel, da ich durch das schwere Heben im Rücken Schmerzen hätte. Als ich bei meinem Dr. Mendel ankam, sagte er mir: „Gehen Sie schnell nach Hause und warnen Sie Ihren Herrn Bruder, dass er aus der Wohnung gehen soll!" Er habe von bestimmten Absichten, Juden zu verhaften und zu deportieren, gehört, und dass sie auch in ihrer Wohnung und nicht nur auf der Arbeit aufgegriffen würden. Ich konnte gar nicht so schnell laufen, dass ich zur Freisingerstraße kam, um meinen Bruder zu warnen. Dort angelangt, kam mir der Hauswart schon entgegen und sagte mir: „Soeben hat die SS Ihren Bruder und die Schwägerin fortgeholt." Ernst hätte noch versucht, aus dem Fenster zu springen, aber sie hatten ihn festgehalten und in einem Lastwagen fortgebracht. Die Wagen sah ich wohl noch in weiter Ferne.[35] Der Hauswart sagte mir, ich könnte jetzt ruhig in die Wohnung gehen, die Sache wäre abgeblasen. Ich traute dem Frieden aber nicht, so blieb ich draußen mit meinem grünen Anzug und 200 RM in der Tasche.

35) Ernst de Taube, geb. 1889 in Neustadtgödens, und seine Ehefrau Frieda geb. ter Berg, geb. 1912 in Wilhelmshaven, wurden am 1. März 1943 von Berlin nach Auschwitz deportiert. Sie hatten am 29. Dezember 1938 in Wilhelmshaven geheiratet.

5. Untergetaucht!
Boppstraße und ohne Quartier

In diesem Moment war ich schließlich gezwungen zu realisieren, dass ich bis zum Äußersten kämpfen musste, um zu überleben - so gut es ging. Ich nahm meinen Judenstern ab und damit meine jüdische Identität. Ich ging nicht zurück in mein Zimmer. Als ich noch die Straße auf und ab lief, traf ich meinen Vorarbeiter Beelitz aus der Fabrik. Er fragte: „Wo ist dein Bruder?" Er sei extra gekommen, um uns vor der Gefahr zu warnen. Da erzählte ich ihm, dass die SS meinen Bruder gerade abgeholt hatte. Ich sagte ihm noch, er möchte sich doch Sachen aus der Wohnung holen. Darauf erwiderte er mir: „Daran will ich mich nicht bereichern", und fragte: „Was willst du jetzt machen? Wenn du nicht weißt wohin, dann kannst du zu mir kommen, ich wohne in Neu-Kölln, Boppstraße, Hinterhaus Nr. 5, mein letztes Stück Brot teile ich mit dir."

Ich war so verzweifelt, dass ich nicht wusste, was ich tun und wohin ich gehen sollte. So ging ich einfach in die Stadt, stieg schließlich in die Stadtbahn und fuhr in Kreisen herum und versuchte zu überlegen, was zu tun sei. Ich fühlte mich sicherer im öffentlichen Verkehr als überall sonst, aber ich hatte meinen Kopf verloren und wusste wirklich nicht mehr, wie es weitergehen sollte. Es mag wohl abends um elf Uhr gewesen sein - da erinnerte ich mich plötzlich, dass mein Vorarbeiter mir Gastfreundschaft angeboten hatte. Spät, wie es war, fuhr ich nach Neu-Kölln zur Boppstraße, Hinterhaus, drei Treppen. Als ich vorsichtig an die Tür klopfte, öffnete er. „Ich wusste, dass du kommen würdest. Komm herein! Du kannst in dem Raum nebenan bleiben, aber du darfst niemals hinausgehen. Meine Tochter weiß über dich Bescheid." Sie hatten eine Außentoilette und, da niemand mich sehen durfte, musste ich mein Geschäft auf einem Eimer in meinem Zimmer erledigen.

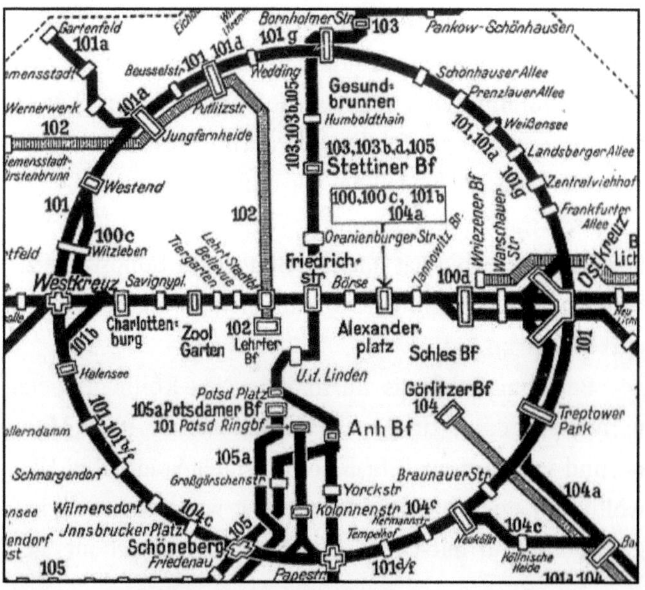

■ 19: Der Berliner Stadtbahn-Ring, auf dem Robert de Taube Zeit überbrückte (Ausschnitt aus dem Plan von 1943)

Ich mochte gut eine Woche dort gewesen sein, als es dann eines Tages morgens um fünf Uhr klopfte. Ich sah durch das Schlüsselloch zwei Männer in Zivilkleidung mit Aktentaschen und wusste Bescheid: Gestapo-Männer! Es war klar, dass sie hinter mir her waren, deshalb blieb ich für fünf oder zehn Minuten sehr, sehr ruhig. Schließlich hörte ich „Der Vogel ist ausgeflogen" und sie gingen die Treppen hinunter. Bei Ariern durften sie ja nicht so ohne weiteres einbrechen. Ich brauchte mindestens zwei Stunden, um über diesen Schock hinwegzukommen. Schließlich entschied ich, dass ich diese Nachbarschaft verlassen musste.

Ich ging zum Kleiderschrank des Mädchens, nahm mir einen Hut, ihr Umstandskleid und eine Handtasche und verkleidete mich als Frau. So ging ich dann die drei Treppen hinunter und über den Hof zu dem freien Platz in der Nähe, wo eine öffentliche Bedürfnisanstalt war! Hier angekommen, packte ich das Kleid und den Hut in die Tasche. Ich traf zufällig einen Bäckersjungen, der Brötchen herumbrachte, und bat ihn, das Bündel zur Boppstraße zu bringen; ich gab ihm eine Mark. Ich weiß nicht, ob er es wirklich getan hat.

Bei dem Kaufhaus Karstadt in Neu-Kölln ging ich vorbei und dann zur Untergrundbahn, fuhr nach Moabit und von dort zur Ufa-Stadt[36] mit der Stadtbahn. Hier wollte ich mich orientieren, ob dort wohl eine Arbeitsgelegenheit für mich war. Es gab dort einige schöne, ge-

36) Gemeint ist das Gelände im Umfeld der Universum Film AG, kurz Ufa, am Hauptsitz in Potsdam, Stadtteil Babelsberg.

pflegte Gärten und Villen, die Gegend war sehr schön. Bei einer Villa mit großem Vorgarten, in dessen Mitte ein Pavillon stand, machte ich halt und klingelte. Es kam eine Bedienstete und fragte mich, was ich wünschte. Ich sagte ihr, ich sei Gärtner von Beruf und würde gerne wissen, ob der Besitzer oder die Besitzerin Arbeit für mich hätten. Sie sagte mir, die Chefin sei heute zufällig hier, ich könnte wohl mitgehen zu der Dame.

Eine vornehme Dame empfing mich; sie sagte mir, einen Gärtner könne sie dringend gebrauchen, ich solle mich bei ihrer Fabrik in Berlin vorstellen und meine Papiere dort vorzeigen. Also war das nichts für mich, da ich doch keine Papiere und Ausweise hatte! Von der Ufa-Stadt fuhr ich wieder bis Zoo und kam dann zur Joachimsthaler und zur Kantstraße. Hier ging ich in ein Restaurant und ließ mir eine Suppe geben, wozu ich keine Marken brauchte. Dann schlenderte ich den Kurfürstendamm hinunter bis zu einem Kino und ging hinein, um mich auszuruhen. Inzwischen wurde es dunkel, ich kam dann zum Tiergarten, wo einige Bänke standen, setzte mich auf eine Bank und überlegte, wo ich wohl diese Nacht verbringen könnte. Es blieb mir nichts anderes übrig - kurz entschlossen legte ich mich hinter einem Blumenbeet ins Gebüsch zum Schlafen. Mit Laub deckte ich mich zu und kam auch gleich in den Schlaf, da ich todmüde war.[37]

---

37) Der Tiergarten ist ein ausgedehntes parkähnliches Areal in der Mitte von Berlin zwischen Kurfürstendamm und Brandenburger Tor. Am Platz des später erwähnten Lehrter Bahnhofs befindet sich jetzt der Berliner Hauptbahnhof.

Um sechs Uhr morgens wachte ich auf, ich war vollkommen durchgefroren und meine Glieder waren sehr steif, es hatte die Nacht leicht gefroren. Ich stand auf, lief etwas herum, rieb mir meine Knochen, nahm meinen Rucksack und ging zum Lehrter Bahnhof. Hier wusch ich mich unten in der Toilette und versuchte mich ein bisschen ordentlich zu machen. In der Bahnhofswirtschaft ließ ich mir eine Tasse Kaffee geben. Gestärkt ging ich wieder auf Wanderschaft und verbrachte weitere Zeit mit Herumfahren in der Stadt und kam zufällig so zum anderen Berliner Hauptbahnhof, dem Anhalter Bahnhof. Ein Portier stand vor der Tür des Hotels „Anhalter Hof." Ich nahm mir ein Herz und fragte ihn, ob er mich wohl für einige Tage aufnehmen könnte, ich wäre kein Verbrecher. Er erwiderte: „Bist du einer von unseren Leuten?" Ich erwiderte: „Ja, natürlich!" - Was er damit genau gemeint hatte, war mir unverständlich. Er sagte mir dann, er könnte mich wohl unterbringen im Luftschutzkeller für fünf Reichsmark die Nacht, aber erst nach zwölf Uhr abends, denn vor Zwölf komme die Gestapo zum Kontrollieren. Ich war natürlich einverstanden.

Den Tag verbrachte ich auf Wanderschaft in der Stadt - vom Kino und dem Stammessen einer Suppe bis nachts um zwölf Uhr. Ich ging dann zum „Anhalter Hof", wo der Portier mich schon erwartete. Er brachte mich im Luftschutzkeller unter, gab mir eine Decke und eine Marke für ein Brötchen. Es lagen noch mehr Leute dort unten. Morgens um acht Uhr weckte er uns, wir könnten in die Zimmer gehen, welche die Hotelgäste verlassen hatten, bekamen in einem großen Raum eine Tasse Kaffee - wir gaben unsere Marke ab für ein Brötchen.

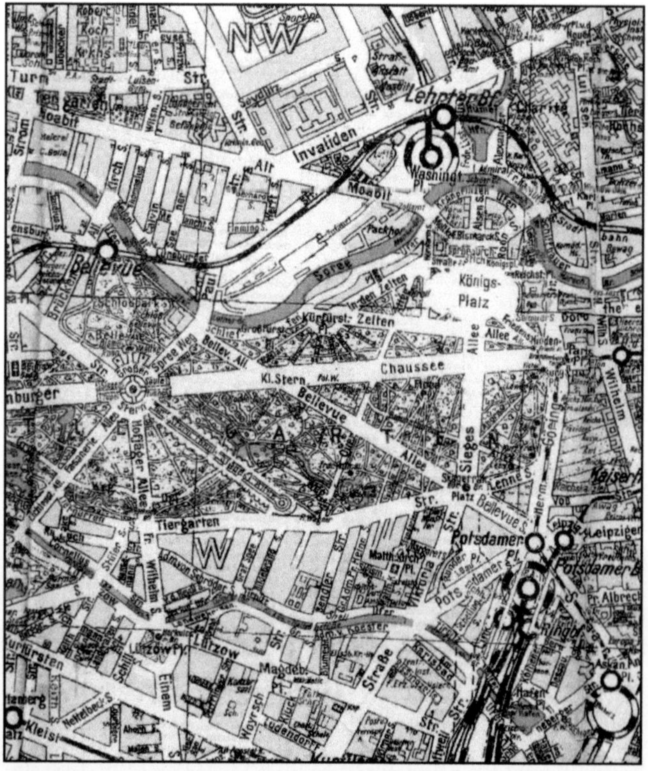

■ 20: Der Ausschnitt aus einem Berliner Stadtplan von 1943 zeigt markante Punkte des Berichts: Paulstraße, Großer Stern, Lehrter Bahnhof und Kroll-Oper.

6. Paulstraße, Ausbombung

14 Tage habe ich das so mitgemacht, dann war es mir leid, der Tag war zu lang bis zwölf Uhr abends, ich musste etwas anderes finden. Zufällig kam ich in Moabit an der Paulstraße beim Kriminalgericht vorbei und sah an einem Haus einen Zettel „Zimmer zu vermieten - drei Treppen hoch bei Frau Weiche". - Ich ging hinauf und klingelte, eine ältere Frau[38] öffnete die Tür und fragte, was ich wünschte. „Sie haben wohl ein Zimmer zu vermieten? Ich las es unten am Haus." - „Nein, ich habe kein Zimmer zu vermieten." „Aber warum dieser Aushang?" - Darauf fragte Frau Weiche mich, was ich für einen Beruf hätte. Ich erwiderte, ich sei Landwirt und Landschaftsgärtner. „Dann haben Sie wohl Speck, Eier, Wurst und solche Sachen?" Ich sagte: „Ja, ich habe alles." Darauf konnte ich eintreten. Sie zeigte mir ein kleines Zimmer mit alten Möbeln und einem Eisenofen, der verriegelt war. Das Zimmer koste fünf Reichsmark pro Nacht, ich erwiderte, das sei viel Geld. „Das bekomme ich auch von anderen." Ich erwähnte, dass ich anderswo gemeldet sei und hier nicht gemeldet werden möchte, da

---

38) Anna Weiche, Witwe, Paulstraße 13 (Adressbuch 1943).

ich in Tiergarten und Umgebung Arbeit hätte. Darauf sagte sie mir: „ Es ist alles in fünf Reichsmark drin." Ich nahm dann an. „Sie sind wohl sehr müde und legen Sie sich doch auf die Chaiselongue", sie nahm eine Decke und deckte mich zu. Ich bin dann gleich in den Schlaf gekommen, schlief wie ein toter Mann und wachte um Viertel vor sieben Uhr auf. Meine Wirtin hatte gehört, dass ich mich schon gewaschen hatte und aufgestanden war, und brachte mir schwarzen Kaffee. Bei der Gelegenheit fragte sie mich: „Ihren Namen haben wir vergessen." - „Mein Name ist August Schneider, Landschaftsgärtner, Landsbergerstraße 38."

So begannen meine Aktivitäten unter dem Namen August Schneider, die sich für zweieinhalb Jahre bis zum Kriegsende fortsetzten. Die ganze Zeit hatte ich keine Ausweispapiere und natürlich auch keine Lebensmittelkarten. Besonders schlimm in dieser Hinsicht war immer die Weihnachtszeit, wenn ich in die Schaufenster schaute und mir überhaupt nichts kaufen konnte, weil ich keine Bezugsscheine hatte. Ich musste als Flüchtling leben und war für mein Überleben auf die Hilfe von Menschen angewiesen, die so freundlich waren, mich zu unterstützen, obwohl das für sie lebensgefährlich war.

Jetzt war mein nächstes Problem, eine Art von Lebensunterhalt zu finden, - aber wie? Zufällig kam ich wieder zur Kantstraße, ich ging in ein Kolonialwarengeschäft hinein und fragte, ob sie einen Fensterputzer gebrauchen könnten? „Oh ja," sagte die Filialleiterin, „sehr nötig, Sie können gleich anfangen!" Ich erwiderte, ich müsse erst mein Werkzeug und meinen Eimer holen, darauf sie: „Wir haben alles hier!" Ich fing an, die Schaufenster zu reinigen, so gut ich konnte. Als ich alles beendet hatte, fragte die Filialleiterin: „Was bekommen Sie dafür?" Ich überlegte nicht lange: „15 RM!" Daraufhin gab sie mir das Geld und auch einige Lebensmittel mit. Sie sagte mir, ich solle zum Schlachter gegenüber kommen und bei dem auch die Fenster putzen. Ich ging hin, der Schlachter freute sich: „Ich habe gesehen, wie schön Sie die Fenster dort drüben gemacht haben, nun machen Sie auch meine." Ich fing gleich an, das Werkzeug war vorhanden, Ledertuch, Eimer, Schwamm und was dazu gehört. Als ich fertig war: „Was bekommen Sie? 15 RM? Das ist sehr billig. Sie bekommen von mir noch ein kleines Paket mit Fleisch und Speck, müssen aber versprechen, dass Sie wiederkommen wollen." Als ich nach Hause kam, empfing mich meine Wirtin: „Na, haben Sie mir etwas mitgebracht?" Ich: „Ja, hier haben Sie etwas zu essen", gab ihr die Pakete, die ich erhalten hatte, und ließ mir nicht anmerken, dass auch ich Hunger hatte.

In dem Haus Paulstraße 13 wohnten auch ein politischer Leiter und ein Blockwart. Eines Tages erzählte mir meine Wirtin, dass diese sehr neugierig seien und gefragt hätten: „Sie haben wohl einen neuen Mieter bekommen?" Darauf hätte sie erwidert, ich wäre ein Neffe von ihr, dann wären sie beruhigt gewesen.

Das Scheibenreinigen machte ich zwei Tage erfolgreich, aber ich hatte Angst, auf der offenen Straße dabei erkannt zu werden. Deshalb suchte ich mir eine andere Arbeit. So kam ich zum Kaiserplatz und fragte bei den Hausfrauen, ob sie einen Teppichklopfer gebrauchen könnten. In den Häusern waren alle einverstanden. Ich beförderte die Teppiche nach unten auf den Hof und klopfte, was das Zeug halten konnte. Ich tat es hauptsächlich um Mittag wegen des Mittagessens, denn in der ersten Zeit hatten die Leute noch ziemlich zu essen. Mit der Zeit hörte ich auch damit auf, denn ich wurde zu staubig. Meine paar Anzüge, die ich hatte, musste ich sauber halten. Bei der Apotheke in der Paulstraße bekam ich immer etwas Lebertran, so dass ich mir öfter geklaute Kartoffeln braten konnte. In der Flensburgerstraße war ein Kolonialwarengeschäft, da konnte ich häufiger etwas bekommen. Eines Tages hatte ich großen Hunger, ich ging zu diesem Geschäft und nahm meinen Reiseanzug mit, der noch ganz neu war. Ich bekam dafür drei Pfund Butter und zwei Pfund Speck. Meine Wirtin bekam zwei Pfund Butter und ein Pfund Speck ab - ich war inzwischen ihr bester Freund geworden.

Ende des Jahres 1943 gab es viele schwere Luftangriffe, aber schon als ich nur kurze Zeit in der Flensburgerstraße war, fingen die Bombenangriffe an, so dass wir abends häufig in den Luftschutzkeller mussten. Zuerst ging ich in den Luftschutzkeller beim Kriminalgericht. Eines Tages war ich gerade in der Lessingstraße, um bei einem Bekannten Butter zu holen, als plötzlich wieder die Alarmsirenen gingen. Mein Bekannter sagte mir: „Gehen Sie schnell irgendwo in den Keller, bei uns im Keller können Sie nicht bleiben." Ich ging in den Keller im Haus gegenüber von meinem Bekannten. Als ich in dem Keller war, fiel mir auf, dass dort Marmorbänke waren, worauf einige Frauen saßen, und bei der Tür stand ein SS-Posten. Ich fragte die Damen, wo ich mich hier befände. „Sie befinden sich in einem SS-Keller." Als die Bomben zu fallen begannen, entschied ich mich plötzlich, dass es besser wäre zu gehen, und schob mich langsam zum Ausgang, wo ein Posten stand. „Was wollen Sie?" Ich bat ihn, dass er mir die Tür doch aufmachen solle. Darauf er: „Sie können nicht heraus, die Bomben fallen, hören Sie das denn nicht?" - „Ich muss hinaus, mein alter Vater liegt gegenüber noch im Bett, den muss ich zum Luftschutzkeller bringen!" Darauf öffnete er die Tür, „auf eigene Gefahr". Zwei Häuser weiter ging ich in den nächsten Luftschutzkeller. Ich war kaum drinnen, da fiel Mörtel von den Wänden und Steine von der Decke, ich war ganz verstaubt. Ein Hausbewohner rief alle Männer heraus: „Heraus, der Dachstuhl brennt, wir müssen löschen!" Als ich herauslief, sah ich den SS-Luftschutzbunker, den ich gerade verlassen hatte. Er hatte aufgehört zu existieren. Dort war jetzt ein großer Krater – eine Bombe hatte ihn voll getroffen. Ich hatte einen guten Schutzengel immer bei mir, sonst hätte ich die ganzen Jahre nicht überlebt.

Ich lief, so schnell ich konnte, zu meiner Wirtin in die Paulstraße. Als ich dort angekommen war, brannte der ganze Dachstuhl des Hauses und Frau Weiche weinte herzzerreißend: „Oh, lieber Schneider, helfen Sie mir meine Sachen in den Keller zu tragen!" Als ich die Schränke öffnete, sah ich mit Erstaunen, was die alte Wirtin gehamstert hatte: Säcke voll Mehl, Zucker, Kakao, Schokolade, Konservendosen und noch und noch. Dies alles sollte ich jetzt in den Keller bringen, was ich auch getan habe. Sie hatte uns all die Monate belogen, indem sie erzählte, sie hätte nichts. Wir hatten ihr von unseren Rationen gegeben, während sie all das zur Seite geschafft hatte, dabei hatte sie selbst für Jahre Vorräte voraus. Vermutlich hat sie auch immer etwas an andere Leute für viel Geld verkauft. - „Oh, Schneider, wo bleibe ich bloß - und wenn ich Sie nicht hätte". Sie war auf einmal wie umgewandelt. Die ganze Straße war hell erleuchtet. Überall brannten die Dachstühle, die Feuerwehr war schwer beschäftigt, die Leute standen auf den Straßen mit ihren wenigen Habseligkeiten und die Kinder weinten, links und rechts waren Flammen, in denen Menschen starben - ein grauenvolles Durcheinander.

Dann nahm ich meine alte Wirtin am Arm und brachte sie in diesem Feuersee durch den Tiergarten zur Krolloper.[39]

In der großen Halle dort hielten sich viele Leute auf. Ich verabschiedete mich von ihr und lief mit meinem Rucksack durch das brennende Berlin – es war traurig

39) Gebäudekomplex am heutigen Platz der Republik, auf dem Grundstück des heutigen Kanzleramts. Die Krolloper hatte verschiedene Nutzungen, wie z.B. Opernhaus und nach dem Brand des Reichstagsgebäudes von 1933 als Ort des nationalsozialistischen Reichstags. Sie wurde 1957 abgetragen.

schön anzusehen - zum Spittelmarkt. Ich wusste, dass dort ein Bekannter wohnte, der Mieter Walter von Frau Birnbaum, Freisingerstrasse. Er war dort untergetaucht bei einem Schreiner. Es war zwei Uhr nachts, da klopfte ich an die Tür im Keller Spittelmarkt. Walter öffnete und war erstaunt mich zu sehen. Er sagte: „Komm leise hier durch!" Wir gingen durch das Zimmer von den Leuten, die ihn aufgenommen hatten, in seine Stube. Dort befand sich auch eine junge Frau, Jüdin mit Kind. „Heute Nacht kannst du hier bleiben", sagte er mir, „aber morgen musst du sehen, wohin du gehst; ich kann es den Leuten nicht zumuten - die Gefahr ist zu groß!"

7. Wildpfad, „Landschaftsgärtner August Schneider aus Hamburg"

Morgens zeitig aufgestanden, verabschiedete ich mich mit Dank für die freundliche Aufnahme nach dem ersten Bohnenkaffee, den mein Freund Walter spendiert hatte, und zog weiter. Ich versuchte, eine Arbeit als Gärtner in einer der wohlhabenden Villen beim Grunewald zu bekommen. Ich fuhr mit der U-Bahn bis Grunewald und gelangte zum Roseneck - ein Bekannter hatte mir erzählt, dass dort die Gärten der Villen sehr unordentlich seien und dass die Leute niemanden bekommen könnten zur Instandsetzung. Bald kam ich am Wildpfad an verschiedenen Villen vorbei. Eine große Villa fiel mir auf, die zurücklag mit einem großen Vorgarten. Ich klingelte an der Pforte, es kam ein junges Mädchen gelaufen und fragte, was ich wünschte. Ich fragte, ob sie einen Gärtner gebrauchen könnten, darauf erwiderte das junge Mädchen: „Ich will meine Gnädige fragen." An der Pforte las ich „Frau Hanna Sotscheck, Wildpfad." Es dauerte nicht lange, dann kam das junge Mädchen wieder und sagte, ich solle zur gnädigen Frau kommen. Das Haus war 100 Meter von der Straße entfernt. Ich wurde in ein großes

Zimmer geführt, wo sehr viele Gemälde hingen und eine Dame in den 50er Jahren an dem Schreibtisch saß.[40]

■ 21: Die von Fritz Ruhemann erbaute Villa Blumenreich, Wildpfad 28, um 1925

„So", sagte sie, „Sie sind Gärtner? Wie heißen Sie?" - „Ich bin der Landschaftsgärtner August Schneider aus Hamburg, Landsbergerstraße 38." - „Wie kommen Sie

40) Hanna Sotscheck (auch Sotschek, 1887-1974), Berlin-Grunewald, Wildpfad 28. In erster Ehe war sie mit dem jüdischen Industriellen und Kunstsammler Alfred Cassirer (1875 – 1932), einem Bruder des Galeristen Paul Cassirer (1871 – 1926) und Vetter des Philosophen Ernst Cassirer (1874 – 1945), verheiratet. 1924 heiratete sie den Kunsthändler, Sammler und Mäzen Leo Blumenreich (1884 – 1932). Das Ehepaar wohnte in der im Auftrag Blumenreichs durch den Architekten Fritz Ruhemann (1891 – 1982) Mitte der 1920er Jahre in bester Berliner Lage gebauten Villa. Die Wände waren mit Werken aus der Zeichnungssammlung Blumenreichs geschmückt. Eine Bronze von Georg Kolbe des Kopfes der Tochter Eva Cassirer aus der ersten Ehe war aufgestellt. Auf der der Villa gegenüberliegenden Seite der Straße befinden sich keine Häuser, sondern Wald. Der Eintritt auf das Grundstück war damit sehr verdeckt.

gerade zu mir?" Ich erwähnte, dass mir vor längerer Zeit ein Dr. Landsberger gesagt hatte: „Gehen Sie zur Frau Sotscheck, die hat Arbeit für Sie. Der Garten sieht furchtbar vernachlässigt aus." - „Ja, der Herr Doktor hatte recht, dann will ich ihn einmal gleich anrufen." Sie rief dort an, mir pochte das Herz etwas, denn die Referenz war erfunden. Aber er antwortete nicht, vielleicht war er verreist. „Na, wenn der Doktor Sie empfohlen hat, dann wird es in Ordnung sein, also können Sie gleich anfangen, Herr Schneider!"

■ 22: Das Esszimmer der Villa Blumenreich, Wildpfad 28, um 1925

Ich sagte ihr, dass ich meine Gerätschaften nicht bei mir hätte und wohl kaum gleich anfangen könnte, denn ich hätte noch viele Gärten in Ordnung zu bringen und Friedhöfe instandzusetzen. „Gerätschaften habe ich hier im Treibhaus, kommen Sie doch mit! Sie bekommen auch ein schönes Mittagessen." Ich blieb also wegen des Mittagessens und ging an die Arbeit. Zuerst schnitt ich die Stauden mit der Schere ab, dann scherte ich die große Hecke. Frau Sotscheck beobachtete mich von der Veranda aus. Als ich am Goldregenbaum etwas abgeschnitten hatte, kam Frau Sotscheck schnell angelaufen. „Aber Herr Schneider, Sie wollen Gärtner sein und haben so viel vom Goldregenbaum abgeschnitten, das tut man doch nicht!" Ich erwiderte ihr: „Das verstehen Sie nicht, Sie haben so schöne Blumen unter dem Goldregen gepflanzt, die gehen sonst alle aus, wenn die Regentropfen darauf fallen." - „Lieber Herr Schneider, ich will nichts gesagt haben, Sie mögen wohl recht haben." Ich war wieder einmal gerettet, in Wirklichkeit hatte sie recht. Als es ein Uhr wurde, kam das junge Mädchen[41] und bat mich zum Essen zu kommen. Ich saß mit dem Mädchen in der Küche, bekam ein gutes Stück Fleisch und Kartoffeln und Salat, ich hatte guten Appetit. Es durfte aber nicht auffallen. Das junge Mädchen wollte noch etwas reichen, aber ich dankte. Das Mädchen sagte mir dann: „Schneider, wissen Sie, was Sie gegessen haben?

....

41) Hanna Sotscheck und ihre Tochter Eva Cassirer (1920 - 2009) wurden im Jahre 2011 posthum in die „Liste der Gerechten unter den Völkern" von Yad Vashem aufgenommen. Mutter und Tochter versteckten bei sich die Jüdin Elisabeth Jacoby (nach dem Krieg verh. Josef), geb. 1923, als Zimmermädchen „Liselotte Lehmann". Diese ist „das Mädchen" im Bericht von Robert de Taube. Sie war eine Schulfreundin von Eva Cassirer. Diese, die „Tochter" des Berichts, durfte als „Mischling 1. Grades" nicht studieren, absolvierte nach dem Krieg Philosophie und Astronomie in den USA und London und wirkte als Professorin für Astronomie.

Es war Pferdefleisch, die Gnädige bekommt öfter etwas gebracht." - „Es hat gut gemundet", erwiderte ich.

Ich fragte dann das Mädchen etwas aus über die gnädige Frau. Sie erzählte mir, dass sie sehr reich sei und einen Kunsthändler als Mann gehabt hätte. Der erste Mann sei verstorben, dann habe sie den Bruder geheiratet, der auch Kunsthändler gewesen sei. Eine Tochter hätte sie mit dem ersten Mann und diese wäre 19 Jahre alt. Es wurde inzwischen Feierabend und ich verabschiedete mich von Frau Sotscheck. Sie bat mich, unbedingt morgen wiederzukommen. Ob ich auch Geld haben wollte? Ich sagte, das hätte noch Zeit. Das erwies sich als der Anfang meiner Aktivitäten als freiberuflicher Gärtner. Ich arbeitete für diese Dame zunächst einige Tage hintereinander, aber ich arbeitete auch für andere Leute, die mir Tätigkeiten gaben, viel auch in der Reparatur von Dächern nach Luftangriffen und als Händler mit Obst und Gemüse.

Ich ging zu Fuß zum Roseneck und fuhr mit der 67 nach Moabit und suchte meine Wohnung auf. Das Haus war stehengeblieben, bloß der Dachstuhl war abgebrannt, so dass der Regen auf die obere Etage hereinströmen konnte. Für einige Nächte musste es noch aushalten, bloß die Gefahr bestand, dass die oberen Wände wohl einstürzen könnten. Meine Frau Weiche war nicht zurückgekommen, Lebensmittel hatte sie ja nun im Keller genug für ein paar Tage ...

Den nächsten Morgen fuhr ich wieder zum Roseneck an den Wildpfad, meldete mich und fing im Garten zu arbeiten an. Um elf Uhr rief Frau Hanna Sotscheck mich,

ich möchte doch eben hereinkommen. Sie eröffnete mir, dass sie zum Roseneck gehen wollte, um etwas einzukaufen. Ich möchte dann so gut sein, auf das Telefon und die Tür zu achten, und könnte mich hier im Wohnzimmer aufhalten, bis sie wieder zurück sei. Auf dem Schreibtisch lagen 100 RM, Brosche und Armbandketten, Perlenketten von hohem Wert. Das einzige, was ich tat: Ich stellte mir das Radio an, um den Englandsender zu hören, wie weit es mit der Kriegshandlung war.

Nach einstündiger Abwesenheit kam Frau Sotscheck: „Na, Herr Schneider, war jemand hier?" Ich erwiderte: „Es war niemand da und es hat auch keiner angerufen." - „Ich mache schnell Mittag, solange können Sie weiterarbeiten." Nach kurzer Zeit rief sie: „Das Mittagessen ist fertig!" und war sehr unterhaltend und aß mit mir in der Küche. Bei der Gelegenheit sagte sie mir: „Schneider, Sie müssen vorläufig jeden Tag kommen, denn der Garten muss in Ordnung gebracht werden. Geld spielt keine Rolle. Auch müssen Sie Pflanzen besorgen und einige Obstbäume." Ich erzählte ihr dann, dass die Nachbarin mich hätte wissen lassen durch die Köchin, dass ich ihren Garten in Ordnung bringen sollte. „Kommt vorläufig nicht in Frage, die Nachbarin muss eben warten." Von der Köchin hatte ich in Erfahrung gebracht, dass die Nachbarin eine Witwe mit hübschen Töchtern sei, die Frau eines Bankvorstehers von der Deutschen Bank in Berlin.[42]

....

42) Auguste Kehl geb. Cohnitz, Witwe von Werner Kehl (1887 - 1943), Vorstandsmitglied der Deutschen Bank von 1928 bis

Eines Tages wurde ich zu der Nachbarin gerufen; sie bat mich, ihr doch auch den Garten in Ordnung zu bringen. „Sobald ich bei Frau Sotscheck einigermaßen fertig bin, komme ich zu Ihnen gnädige Frau." Eines Tages sagte meine Chefin zu mir: „Wo bekommen wir Mist her für den Garten?" – „Den werde ich Ihnen besorgen!" In der Nähe hatte ich einen Milchbauern kennen gelernt, der 20 Kühe im Stall hatte und die Milch auch literweise verkaufte. Ich fragte ihn, ob er mir einige Fuhren Mist überlassen könnte. „Was hast du denn zu tauschen? Ich würde am liebsten Zucker haben". Darauf sagte ich ihm, es könnte wohl möglich sein, ich gäbe Bescheid, wenn ich mit meiner gnädigen Frau gesprochen hätte. „Vor allen Dingen gib mir mal erst einen Liter Milch!" - „ Ja, den kannst du bekommen. Wenn du mir Zucker lieferst, kannst du dir jeden Abend einen halben Liter Milch mitnehmen." Am anderen Morgen sprach ich mit der Chefin: „Ich kann Mist besorgen, der Bauer will Zucker haben." - „Wenn's weiter nichts ist, den kann er bekommen. Wie viel will er denn haben?" - „Für jede Fuhre 20 Pfund Zucker." - „Sagen Sie dem Bauern, er könnte morgen den Mist herbringen." Ich gab dem Bauern Bescheid und am nächsten Tage lieferte er den Mist. Nun

<hr>

1932, der kurz zuvor bei einem Eisenbahnunglück ums Leben gekommen war. Das Grundstück Wildpfad Nr. 26 hatte Kehl Ende 1938 von der Jüdin Lilly Deutsch geb. Kahn (1869 – 1940), der Witwe des Mitbegründers der AEG, Felix Deutsch (1858 – 1928), erworben. Als Architekt der erst 1937 errichteten Villa fungierte der damals stark gefragte Fritz August Breuhaus de Groot (1883 – 1960). Den Garten gestaltete der Landschaftsarchitekt Georg Belá Pniower (1896 – 1960).

hatte ich erst einmal wieder viel Arbeit, die Tage gingen dahin. Ich holte mir jeden Abend meine Milch von dem Bauern. Er fragte mich, was für ein Landsmann ich sei. Ich sagte ihm, ich sei Hamburger. Warum ich denn kein Soldat sei? „Weil ich im vorigen Kriege einen Lungensteckschuss bekommen habe."

Die Bombenangriffe wurden jetzt immer zahlreicher. Meine Chefin ging dann zum Bunker des Generals Olbricht, der nebenan wohnte.[43] Ich verkroch mich in ein Loch am Tor, wo das Wasser auf und zu gedreht wurde. Eines Nachmittags war es wieder soweit: ALARM. Die Chefin konnte gar nicht schnell genug zum Bunker kommen. Ich verkroch mich in das Loch im Garten und machte den Deckel so zu, dass ich die Sicht über das Haus behielt. Die Brandbomben fielen rundherum und mit einem Male sah ich, dass unser Dachstuhl brannte. Ich lief schnell nach oben und konnte mit dem Feuerlöscher den Brand aus bekommen. Einige Dachpfannen waren natürlich beschädigt, aber in der Nachbarschaft ganze Häuser. „Oh, Schneider, das haben Sie gut gemacht!" sagte Frau Sotscheck, als sie aus dem Bunker kam. „Wo bekommen wir bloß Dachpfannen her?" Ich sagte ihr, ich wolle einmal mit dem Burschen des Generals sprechen, vielleicht kann er den General fragen. Als ich morgens die Straße fegte, traf ich den Burschen. Ich

43) Wildpfad 24; der General der Infanterie Friedrich Olbricht, geb. 1888, war einer der Hauptverschwörer des Attentats auf Hitler vom 20. Juli 1944. Er wurde zusammen mit Claus Schenk Graf von Stauffenberg und anderen Verschwörern am 21. Juli 1944 in Berlin hingerichtet.

fragte ihn, ob es vielleicht möglich sei, dass der Herr General uns Dachpfannen besorgen könnte? Er gab mir zur Antwort, er spreche morgen mit dem General, er glaube wohl. Denn der Herr General hatte über sämtliche Baudivisionen zu sagen.

Am anderen Tag sagte mir der Bursche, ich solle mich an einen anderen General wenden, der Name ist mir entfallen. Ich sprach darüber mit meiner Chefin. Sie sagte gleich: „Nichts wie los! Meine Tochter kann mitgehen und einen Handwagen können wir hier in der Nachbarschaft bekommen." Also, wie gesagt, wir zogen mit dem Handwagen los zum Roseneck hinunter, zur Stadt. Als wir zu der bestimmten Straße kamen, fanden wir schnell das Haus des Generals, aber um sicher zu sein, fragten wir den Herrn, der gerade auf der Straße stand. Es war der General in Person, und wir brachten unser Anliegen vor. Er sagte: „Nun, siehst du die Pfannen da nicht stehen?", und lachte, er musste wohl Bescheid wissen. Wir ließen es uns nicht zweimal sagen und luden unseren großen Handwagen voll, so dass wir ca. 500 Pfannen geladen hatten. Dieses wiederholten wir zwei Mal, so dass wir ca. 1.500 Pfannen hatten. Damit konnte ich hier in Grunewald Frau Sotschecks Haus und die Nachbarhäuser wieder einflicken. Ich bekam zwei Reichsmark die Stunde.

Als ich abends zur Paulstraße ging und gerade in der Wohnung war, fingen wieder die Sirenen an zu heulen. Ich lief, so schnell ich konnte, am Schloss Bellevue vorbei zum Großen Stern. Unter dem Großen Stern gingen viele Leute in den Luftschutzkeller, hier war man am sichersten. Solange ich in der Paulstraße gewohnt habe, habe ich dort Zuflucht genommen. Die Engländer und Amerikaner hatten kein Interesse, dort Bomben zu werfen, denn sie konnten sich von dort aus[44] besser orientieren.

44) Gemeint ist die große Platzanlage mit der Siegessäule in der Mitte in einem zentralen Bereich Berlins, die den Bombern zur Orientierung diente.

8. Beginn des Landhandels mit Obst und Kleidung

Eines Tages traf ich den Herrn Walter vom Spittelmarkt, der früher bei Frau Birnbaum gewohnt hatte. Er sagte mir: „Du siehst nicht jüdisch aus, du kannst ruhig über Land fahren. Ich kann dir Kleidung, Hüte und Stumpen[45] besorgen, kannst gleich welche mitnehmen." Ich ließ es mir nicht zweimal sagen. „Geld kannst du mir bringen, wenn du sie verkauft oder gegen Obst oder Speck vertauscht hast." Ich hatte erst Bedenken, aber ich versuchte es an einem Sonnabendmorgen und fuhr zuerst nach Bernau[46] mit der Stadtbahn, wo viele Gärtnereien waren. Bei einer großen Gärtnerei ging ich hinein und fragte, ob ich Obstbäume und Blumen bekommen könnte. Der Gärtner fragte mich: „Wo kommen wir her?" - „Ich bin Hamburger, in Berlin tätig und heiße August Schneider, Landsbergerallee." - „Haben Sie etwas zu tauschen?" Ich sagte, ich könne wohl etwas besorgen. Inzwischen kamen seine Frau und seine Tochter, die mir sehr gut gefiel. „Können Sie uns nicht

45) Rohlinge für die Herstellung von Hüten

46) Bernau liegt, etwa 30 km vom Stadtzentrum entfernt, außerhalb der nördöstlichen Stadtgrenze von Berlin.

ein paar Kleider besorgen?" Ich versprach es ihnen, in meinem Rucksack hatte ich ja welche. Ich hielt es nicht für richtig, sie jetzt schon zu zeigen. Es war gegen Mittag: „Wollen Sie einen Teller Suppe mitessen? Dann nehmen Sie Platz." Ich ließ es mir nicht noch mal sagen und antwortete, ich sei nicht abgeneigt. Wir kamen in ein angeregtes Gespräch und ich musste von Hamburg erzählen. „Sie können meiner Tochter im Gewächshaus etwas helfen beim Blumenumstülpen. Ich werde Ihnen inzwischen fünf Birn- und fünf Pflaumenbäume besorgen. Nächste Woche können Sie alles bekommen, was Sie benötigen." Ich tat dem Herrn Müller den Gefallen und half der Tochter, wir hatten viel Spaß. Ab und zu sah die Mutter durch die Tür. Um sechs Uhr abends ging ich dann mit der Tochter und einem kleinen Handwagen zur Stadtbahn, verabschiedete mich, nahm meine Obstbäume, ging durch die Sperre zur Stadtbahn und fuhr nach Grunewald. Die Bäume schleppte ich zu Sotschecks und brachte sie in das Treibhaus, dann ging ich wieder nach Moabit. Die Nacht war unruhig, die Sirenen gingen immer wieder und so musste ich wieder zum Großen Stern laufen, dieses Mal war es aber nicht so schlimm. Meine Verbindung zu dem Mann und seiner Familie in Bernau war eine außerordentliche Hilfe den ganzen Krieg hindurch. Ich bekam von ihm immer die Blumen und Pflanzen, die ich brauchte, um meine Tätigkeiten auszuführen. Teil der Bezahlung waren auch Kleidungsstücke für die Tochter, die ich von dem Freund besorgen konnte, der Kontakte zum Schwarzmarkt hatte.

Am Sonntagmorgen fuhr ich häufig mit der Stadtbahn zur Obstgegend bei Glindow.[47] In Potsdam-Werder

■ 23: Die Obstmetropole Glindow bei Potsdam im Jahre 1944

musste man umsteigen. Einmal geschah folgendes: In
Werder angekommen, stiegen viele Menschen aus, um
Obst zu holen - aber was sah ich: eine Sperre mit einigen
Polizisten! Die Leute mussten ihre Ausweise vorzeigen.
Deshalb stieg ich sofort wieder ein und auf der anderen
Seite erneut aus - auf den Schienen. Aber dann musste
ich doch auf den Bahnsteig. Als ich zur Ausgangssperre
kam, schauten sie immer noch auf die Ausweise. Eine
Frau hatte einen schweren Koffer zu tragen und hatte
ein kleines Kind auf dem Arm. Ich fragte die Frau, ob
ich ihr behilflich sein könnte. „Dann nehmen Sie meinen
Koffer!" Ich tat es. Die Frau konnte dann ihren Ausweis

----

47) Die Obst- und Gemüsegegend Glindow liegt etwa 40 km
vom Zentrum entfernt, außerhalb der südwestlichen Stadtgrenze von Berlin, in der Nähe von Potsdam.

nicht so schnell finden und ich hatte die Hände voll. So schlängelte ich mich durch, die Menschen drückten alle nach. Ich war dann schon ein Stück des Weges, als die Frau mit dem Kind auf dem Arm kam. Wir gingen dann zusammen nach Glindow, noch ein paar Kilometer von Werder entfernt. Dort trennten wir uns.

Ich ging zuerst zur Gärtnerei und fragte, ob sie Obst für mich hätten. Die alte Frau dort war sehr nett und fragte: „Haben Sie etwas zu tauschen?" – „Ja!" Inzwischen kam die Schwiegertochter hinzu: „Zeigen Sie doch einmal, was Sie anzubieten haben!" Ich machte meinen Rucksack los, nahm zwei Kleider heraus und einen Stumpen. Die Kleider und der Stumpen gefielen ihnen. „Was wollen Sie haben für die zwei Kleider?" - „150 Reichsmark und für den Stumpen 30 Reichsmark. Geld brauche ich aber nicht, Sie müssen mir Erdbeeren oder sonst irgendwelches Obst geben." - „Die Kleidung und den Stumpen behalten wir, hier haben Sie das Geld dafür. Und sechs Körbe Erdbeeren bekommen Sie auch. Wenn Sie wieder einmal etwas haben, dann kommen Sie wieder, dann können Sie immer Obst haben." Ich zog mit meinen sechs Körben Obst zum nächsten Bauern, der stand zufällig vor der Tür. „Na, mein Herr, haben Sie sich Obst geholt?" – „Ja, von der Gärtnerei." - „Wo kommen Sie denn her?" - „Aus Berlin." - „Sie sind aber der Sprache nach kein Berliner!" - „Ursprünglich bin ich Hamburger und jetzt Gärtner in Berlin." - „Ach, kommen Sie doch einmal herein, wir wollen uns ein wenig unterhalten." Ich ging mit hinein, es kam die Frau mit zwei Jungen, sie gaben mir die Hand. „Frau, der Herr ist Gärtner aus Berlin." - „Wie heißen Sie denn?" - „August Schneider." Ich fragte den Herrn, ob er auch Obst hätte, ob ich etwas bekommen könnte. – „Ja, Sie können immer welches bekommen, Sie müssen uns aber auch etwas besorgen." Ich zeigte der Frau das Kleid, das ich noch im Rucksack hatte. – „Oh, ist das aber schön! Das passt mir ja wie angegossen. Was kostet es?" Ich sagte: „75 Reichsmark". - „Das nehmen wir sofort" - Aber etwas Obst müsste ich auch haben. „Ja, das bekommen Sie, acht Körbe Erdbeeren. Wir dürfen eigentlich nicht bei Haus verkaufen, es soll alles abgeliefert werden an der Sammelstelle." - Kirschen zu ernten war dann auch eine der Tätigkeiten in der Obstgegend. Ich bemerkte, dass der betreffende Bauer keine Leute einstellte, die zu viele der Früchte aßen, und dass er das an der Anzahl der Kirschsteine erkannte, die auf dem Boden lagen. Deshalb achtete ich darauf, die Steine in meine Hosentasche zu stecken. So bekam ich immer Arbeit. -

Nun hatte ich 14 Körbe Erdbeeren auf dem Rücken zu tragen bis Werder – lange Kilometer! Dort kam ich um zehn Uhr abends an, stieg in den Zug und fuhr über Potsdam, da musste ich wieder umsteigen, mit der Stadtbahn nach Grunewald. Um halb zwei Uhr langte ich in Grunewald an und brachte mein Obst in das Treibhaus meiner Chefin. Ich war mit mir zufrieden. Dann ging es wie gewohnt nach Moabit. Den nächsten Tag hatte ich genug zu tun, um meine Erdbeeren an den Mann zu bringen. Einige Körbe nahm meine Chefin, mit den anderen Körben ging ich in die Kolonialwarengeschäfte und tauschte mir etwas Lebensmittel ein. Ich hatte zuletzt noch zwei Körbe Erdbeeren, als mir einfiel, sie zu Frau Schreiner am Kaiserplatz zu bringen, wo ich Teppiche geklopft hatte. Frau Schreiner freute sich riesig. „Oh, Schneider, dass Sie an mich gedacht haben!" Es war gerade Mittagszeit: „Ich habe eine schöne Suppe gekocht, Sie essen doch bestimmt mit." Ich ließ mich nicht nötigen. „Nehmen Sie Platz, lassen Sie sich's gut schme-

24: Stempel auf einer Postkarte mit Briefmarke „1935 Weltreffen der HJ"

cken. Schneider, Sie können mir öfter Erdbeeren bringen. Meine Schwägerin, Frau Dr. Meissner, Spichernstraße, nimmt auch gern welche. Wie geht es Ihnen denn überhaupt, Herr Schneider?" Ich sagte ihr, ich sei wieder ausgebombt, der Dachstuhl sei ausgebrannt in der Paulstraße, nun müsse ich mir eine neue Wohnung suchen. „Ich weiß eine Wohnung. Gehen Sie zu Frau Dr. Meissner, die hat noch ein schönes Zimmer frei, und sagen Sie ihr, dass Sie durch mich kämen." Übergangsweise durfte ich auch bei Frau Sotscheck im Keller schlafen und dort wohnen. Sie gab mir Unterkunft, wann immer ich sie brauchte.

9. Spichernstraße

Gesagt, getan, ich fuhr nach Wilmersdorf zur Spichernstraße 5, es war ein Eckhaus. Ich ging einige Treppen
hoch und klingelte bei Frau Dr. Meissner. Ich hatte
Glück, sie war da und öffnete die Tür - eine kleine un-

25: Hanna Sotscheck. Die Aufnahme entstand vermutlich in den 1950er Jahren

scheinbare Frau, aber sehr nett. Sie fragte mich: „Was
wünschen Sie?" - „Ihre Schwägerin schickt mich her und
sagte mir, Sie hätten ein Zimmer zu vermieten." - „Al-

lerdings, mein fünfter Mieter ist ausgezogen. Kommen Sie herein und sehen Sie sich das Zimmer an." Es war ein großes, schön möbliertes Zimmer, was soll es kosten? „Ich bekomme mit Kaffee fünf Reichsmark pro Tag. Wie heißen Sie eigentlich?" - „Ich bin Landschaftsgärtner August Schneider, Landsbergerallee 38. Da ich im Tiergarten Arbeit habe, möchte ich hier aber nicht gemeldet werden, denn ich habe meinen Wohnsitz in der Landsbergerallee, wo ich gemeldet bin." - „Dann ist ja alles in bester Ordnung! Gefällt es Ihnen, wann wollen Sie einziehen?" - „Ich werde das Zimmer nehmen und heute Abend kommen."

Ich war froh, dass ich wieder eine Bleibe hatte. Es war gegen Abend, als ich mit meinem Koffer und dem Rucksack anlangte. Im Koffer hatte ich bloß einige Utensilien, die ich notwendig brauchte. Ich tat so, als ob er ziemlich schwer sei. Diese Nacht habe ich wunderbar geschlafen. Gegen acht Uhr brachte mir Frau Dr. Meissner den Kaffee und ein Brötchen. Ich fragte sie, was sie denn für andere Mieter hätte. „Zwei Offiziere, ein politischer Gruppenleiter, ein Gestapo-Mann und ein Barbier. Um acht Uhr sind die Herren alle fort." Dort wohnte ich für einige Monate. Diese Leute waren immer sehr erfreut, wenn ich ein paar Erdbeeren nach Hause brachte, und sie kauften sie mir ab.

Normalerweise ging ich immer zum Wildpfad, um dort im Garten zu arbeiten. Ich hatte dort schon einige Zeit gearbeitet, da kam erneut die Köchin von nebenan, von der Witwe des Bankdirektors der Deutschen Bank:

Ich möchte doch zur gnädigen Frau kommen. Ich ging mit der Köchin zu ihrer Chefin. „Ich habe Sie länger beobachtet. Sie haben den Garten von Frau Sotscheck so schön in Ordnung gebracht, wann wollen Sie zu mir kommen? Geld spielt keine Rolle! Ich brauche sehr viele Gewächse und einige Obstbäume, können Sie diese besorgen? Auch möchte ich den Rasen teilweise mit Gemüse haben." Ich versprach der Frau, dass ich Ende der Woche zu ihr käme. Nun ging ich wieder an meine gewohnte Arbeit. Als es ein Uhr war, rief mich die Köchin zum Essen, es gab eine schöne Suppe. Ich fragte die Köchin, was für eine Suppe das sei, darauf sagte sie mir: „Eine Wildsuppe mit Pilzen. Unsere Wirtin kann gut kochen, essen Sie nur." Erst hatte ich Bedenken, dann langte ich zu. Nun kam ich mit dem Mädchen in ein näheres Gespräch. Sie konnte mir viel erzählen von ihrer Chefin, u.a. dass sie viel Wein verbrauche.

Wir waren grade im Gespräch, da kam Frau Sotscheck und fragte: „Was wollte die Nachbarin?" Ich sagte ihr, dass ich Ende der Woche der Frau Nachbarin den Garten in Ordnung bringe, denn hier sei vorläufig alles erledigt. Als ich um sechs Uhr Feierabend machte, rief mich nochmals die Köchin von nebenan: „Herr Schneider, kommen Sie doch eben herein, meine Chefin ist nicht zu Hause. Also, Sie kommen doch bestimmt Ende der Woche?" Dann holte sie eine Flasche Wein aus dem Keller und machte ein schönes Abendbrot. Sie erzählte mir, sie wäre Bäuerin und schon lange bei der Familie und könne alles machen. Wir tranken die Flasche Wein, dann wurde sie auf einmal etwas zärtlich: „Schneider, Sie gefallen mir ..." Sie war allerdings ein wenig reichlich korpulent, das war nicht mein Geschmack. Ich musste natürlich nett zu ihr sein, denn ich hatte später viele Vorteile durch sie. Später kam die Dame des Hauses einmal zu mir und fragte mich, wie der hundertjährige Wein denn geschmeckt habe. Sie war nicht wirklich erfreut darüber, dass die Köchin ihn aus dem Keller geholt hatte ...

Am anderen Tag war ich wieder in dem Garten meiner ersten Chefin, Frau Sotscheck war wohl zum Einkaufen nach Berlin gefahren. Als ich so richtig am Arbeiten war, kam ein Polizist und fragte mich: „Arbeiten Sie schon länger hier bei Frau Sotscheck?" Ich sagte „Ja". Mir wurde ein

■ 26: Das „Mädchen" im Wildpfad 28 war Elisabeth Josef geb. Jacobi, hier bei ihrer Heirat im Jahre 1947

wenig ängstlich, aber er verlangte nicht nach meinem Ausweis. Dann fragte er mich: „Haben Sie einen Mann gesehen, der hier sich herumtreibt?" Ich: „Ja, so gegen Feierabend? Wenn ich nach Hause gehe, dann klettert immer ein Kerl dort drüben bei der Ruine in eine Villa über den Zaun, da müssen Sie einmal aufpassen." Er bedankte sich und ging dorthin. Gesehen hatte ich niemanden, ich wollte ihn bloß los sein. Er kam nie wieder.

10. Schöne Tage in Glindow, Bernau und am Wildpfad

Nun blieb ich einige Tage fort vom Wildpfad und fuhr zum Spittelmarkt zu dem früheren Mieter Walter von Frau Birnbaum. Ich traf ihn zu Hause an und gab ihm das Geld für die Kleider und Stumpen, wie abgemacht. „Ja, mein Lieber, das hast du gut gemacht! Mach nur weiter so, du kannst immer etwas haben!" Er gab mir vier neue Kleider und drei Stumpen mit und auch einige Brotmarken, er muss wohl gute Freunde gehabt haben. Er erzählte mir, er wäre früher an einem großen Konfektionsgeschäft beteiligt gewesen, des Abends ginge er in Polizeiuniform aus und mache so seine Besorgungen.

Den nächsten Tag fuhr ich wieder nach Werder und Glindow zur Fruchternte. Als ich durch die Sperre musste, stand wieder ein Posten dort, aber viele Leute stiegen aus dem Zug mit losen Körben und Rucksäcken, um Obst zu holen. Ich ging auf den Posten los und fiel ihm im Gedränge um den Hals. „Wilhelm, Wilhelm, wo geiht di dat denn?" Der Posten war verwundert und wusste nicht, was er sagen sollte. Er schüttelte seinen Kopf und rief mich nicht zurück. Die Leute hinter mir drückten alle nach und ich war verschwunden auf dem Weg nach Glindow.

Unterwegs ging ich in eine Villa und fragte nach Obst, Kirschen oder Erdbeeren. Eine junge Frau erschien an der Türe und fragte, was ich anzubieten hätte. Ich sagte, ich habe einige Stumpen abzugeben. „Zeigen Sie doch einmal her! - Oh, die sind aber nett! Was sollen die denn kosten?" Ich sagte 60 Reichsmark pro Stück. „Ich behalte alle. Drei Körbe Obst können Sie auch von mir bekommen." Ich sagte ihr, dass ich noch nach Glindow müsste. „Da kommen Sie auf dem Rückweg wieder vorbei und können einige Körbe mitnehmen." Wie gesagt, so getan. Ich war froh, dass ich die Stumpen für so viel Geld verkauft hatte. Wenn die Frauen etwas sagen, dann wollen sie alles haben. Geld hatten die Obstbauern in Hülle und Fülle.

Auf dem Weg traf ich auf zwei Männer von der Landwacht, die Gewehre trugen. Auch sie sollten sich die Ausweispapier der Passanten zeigen lassen. Sie fragten: „Wo wollen Sie denn hin?" Ich sagte: „Zu Wilhelm Malow in Glindow." - „Kennen Sie den denn?" - „Aber sicher, ich hole öfter etwas Obst." – „Obst können Sie auch von uns haben, wir wohnen auch in Glindow." Sie gaben mir ihre Adresse. „Eigentlich sollen wir nicht bei der Tür verkaufen." Ich wurde mit der Zeit ihr bester Freund. „Wie heißen Sie?" – „August Schneider, Landschaftsgärtner, Landsbergerallee 38", konnte ich mit ruhigem Gewissen sagen, denn der August Schneider war in der Landsbergerallee ja ausgebombt.

Mein Weg führte mich weiter ins Dorf Glindow, dort ging ich in ein größeres Bauernhaus, wo die Leute bei einer Dreschmaschine herumhantierten, als sei etwas nicht in Ordnung. Ein Mann kam mir entgegen und fragte, was ich wünschte. Ich sagte: „Haben Sie Kirschen abzugeben?" - „Wer sind Sie und wo kommen Sie her?" Ich sagte, dass ich Gärtner sei. „Oh, haben Sie wohl eine Ahnung von der Dreschmaschine?" Ich erwiderte: „Ich denke doch, da ich ja aus der Landwirtschaft komme." - „Wir können nicht weiter dreschen und können den Fehler nicht finden." - „Darf ich einmal nachsehen?" - „Bitte ja!" Ich sah mir die Dreschmaschine zuerst richtig an, dann drehte ich an der Seite die Räder, dann wusste ich Bescheid. Ich kletterte auf die Dreschmaschine und sah in die Trommel. Es war natürlich alles verstopft in den Bechern, sie konnte so ja gar nicht laufen. Ich reinigte die Becher und nach einer halben Stunde konnten die Leute wieder dreschen. Der Bauer sagte: „Ich heiße Krause. Sie haben mir einen großen Gefallen getan. Gehen Sie doch in die Wohnung, ich komme auch gleich." Der Herr Krause wollte natürlich Näheres wissen, da er wohl etwas Misstrauen hatte. „Sagen Sie einmal, verstehen Sie auch etwas von Pferden?" - „Ja." - „Meine Stuten bekommen Ende der Woche wohl Fohlen und ich habe keine Ahnung. Könnten Sie denn nicht wiederkommen?" - „Ich habe in Berlin viel Arbeit im Grunewald und auf den Friedhöfen, es sei denn sonnabends oder sonntags." - „Oh, das wäre ja gut, dann können Sie ja hier übernachten. Sie bekommen von mir zwölf Körbe Kirschen heute und können von mir öfter etwas bekommen." Herr Krause mochte mich wohl leiden, denn er gab mir verschiedene Ratschläge, wie ich mich bei den Obstbauern verhalten sollte. Ich bekam eine Tasse Kaffee mit Kuchen. Dann zog ich wieder mit meiner Fracht auf dem Rücken nach Werder und nach Grunewald - vor Mitternacht kam ich da meist immer an. Meine Körbe brachte ich wieder zum gewohnten Platz und ging zu meiner neuen Behausung in der Spichernstrasse.

Am nächsten Morgen sprach ich mit Frau Dr. Meissner, ob sie auch etwas Kirschen haben wollte. „Aber sicher, Herr Schneider. Bringen Sie bloß mehrere Körbe her." Als ich abends dann von der Arbeit kam, nahm ich einige Körbe mit, ich musste ja vorsichtig sein. Die Nacht war sehr unruhig, es kamen wieder Angriffe und die Bomben fielen in weiter Ferne. Ich musste wieder den Luftschutzkeller aufsuchen und ging zum Fehrbelliner Platz, Untergrundbahn. Da hielten sich viele Leute auf, es waren wohl meist Katholiken. Sie waren unzufrieden und schimpften, dass sie da unten in den Keller mussten. Als nächstes ging ich zu der Bankdirektors-Witwe und fing an, den Garten zu machen; dort hatte ich Arbeit für 14 Tage. Am Mittag kam die Köchin und lud mich ein zum Essen, dort gab es immer etwas Besonderes - auch holte sie wieder eine Flasche Wein aus dem Keller, den tranken wir gemeinsam aus. Die Gnädige war verreist - abends, als ich nach Hause ging, bekam ich eine Flasche Wein mit. Als ich auf die Jahreszahl sah, war es wieder ein 100jähriger Wein. So einen habe ich in meinem ganzen Leben noch nicht getrunken.

Den nächsten Tag fuhr ich nach Bernau zu meinem Gärtner Müller. Die Frauen begrüßten mich recht freundlich und fragten: „Haben Sie uns eine Kleinigkeit mitgebracht?" - „Wollen Sie die Kleider sehen? Die habe ich in meinem Rucksack, Größe 44 und 42." - „Oh, Mama, wie hübsch sind die Kleider, ich probiere eben an", sagte die Tochter. „Größe 42 brauche ich und 44 passen meiner Mutter. Wir wollen die Kleider alle behalten. Schneider, Sie bekommen einen Kuss von mir!" Inzwischen kam der Vater und fragte: „Was brauchen Sie heute?" - „Fünf Apfelbäume, drei Pflaumenbäume und einige Gartenpflanzen." - „Ich hole Ihnen die Pflanzen und Bäume." Als er gegangen war, sagte Frau Müller: „Was müssen Sie dafür haben?" Ich sagte „300 Reichsmark". – „Hier haben Sie das Geld, sagen Sie es aber nicht meinem Mann, der braucht das nicht zu wissen." Inzwischen war es Mittag geworden und so luden sie mich zum Essen ein. „Nun, Hamburger, erzählen Sie mir etwas von Ihrer Heimat, ich habe schon viel gehört von St. Pauli! Wir wollten schon immer einmal dorthin, nun geht es nicht. Wenn der Krieg vorbei ist fahren wir einmal dorthin." Ich erzählte den Leuten von dem Leben und Treiben in Hamburg und sie hörten mir andächtig zu. Sie mochten am liebsten meine Sprache hören, die Zeit verging im Fluge, dann war die Mittagsstunde vorbei und ich musste wieder zum Bahnhof. Sie halfen mir alle und brachten die Sträucher zum Bahnhof. Dann fuhr ich wieder zum Grunewald und brachte alles zum Garten.

Die Köchin erwartete mich schon! „Oh, Schneider, ich habe grade den Kaffee fertig, wo haben Sie denn die Sträucher her?" Ich erzählte ihr, dass ich in Bernau gewesen sei. Am Nachmittag pflanzte ich die Sträucher ein. Als ich mit der Arbeit fertig war, musste ich wieder zur Köchin kommen - wir tranken dann zusammen erneut eine Flasche Wein. So verlebte ich trotz der Arbeit sehr schöne Tage bei der Köchin, bis eines Tages die Witwe des Bankvorstehers wiederkam. Eines Morgens kam dieselbe in den Garten zu mir und fragte: „Lieber Herr Schneider, den Garten haben Sie sehr schön gemacht, aber noch mehr Blumen und Erdbeeren müssen her. Übrigens, was ich noch fragen wollte, wie hat Ihnen denn der 100jährige Wein geschmeckt?" Ich sagte ihr: „Ausgezeichnet! Dass er 100jährig war, hatte ich natürlich keine Ahnung, gnädige Frau. Ihre Köchin hatte mir doch gesagt, sie könnte alles tun und lassen, da sie solange bei Ihnen sei." - „Es stimmt", sagte die Witwe, „aber nun möchte ich Sie noch fragen: Wäre meine Köchin nicht die passende Frau für Sie? Sie könnten dann ja gemeinsam hier wohnen und ich würde nach Bayern gehen, wo wir ein Häuschen haben." - „Ihre Köchin gefällt mir ganz gut, sie kann gut kochen und ist sehr liebenswürdig. Aber jetzt im Kriege heiraten, da gehört natürlich ja etwas zu - wollen wir nicht erst einmal den Krieg abwarten?" Nachdem ich wohl 14 Tage dort gearbeitet hatte, bekam ich meinen geforderten Lohn und dazu noch Trinkgeld, ab und zu solle ich doch einmal wiederkommen.

Ende der Woche fuhr ich wieder nach Glindow und besuchte verschiedene Obstplantagen. In einer Obstplantage arbeitete eine junge Frau, ein Witwe. Ich fragte, ob ich ihr behilflich sein könnte. „Ja, wenn Sie Zeit haben,

helfen Sie mir, den Wagen mit Kirschkörben voll zu machen." Dann gingen wir mit unserem Wagen zu ihrer Behausung, ein nettes Anwesen, sie fragte natürlich, wer
ich sei? Und ob ich öfter Ende der Woche dann kommen
könnte. Mir passte das grade gut, denn sonnabends und
sonntags hatte ich viel Zeit und wusste nicht wohin. So
fuhr ich öfters zu ihr nach Glindow und lernte dort noch
mehr Leute kennen.

An einem Sonntagnachmittag fand dort eine große Feier statt, Geburtstag der Witwe, und alle ihre Verwandten waren versammelt. Sie ließ mich am Tisch sitzen
mit ihren Verwandten, Kaffee trinken und Kuchen essen.
Schließlich hob der Vater sein Glas und sagte: „August
Schneider, Sie werden langsam ein Einwohner von Glindow." Später sagte er zu mir: „Wissen Sie, es wäre schön,
wenn sie meine Tochter heiraten wollten." Die Witwe.
Nachdem ich ein bisschen nachgedacht hatte, sagte ich:
„Nun, das ist sehr nett von Ihnen, aber ich denke, es wäre
besser, wenn der Krieg erst vorbei wäre. Lassen Sie uns
dann darüber reden." Er schien das zu verstehen. Natürlich erschreckte mich das ein bisschen und allmählich
ging ich weniger und weniger dorthin, sondern besser in
andere Teile von Glindow. Auch dort bekam ich zahlreiche Bekanntschaften auf den Obstfeldern, hatte viel Arbeit
– und Obst. Von Herrn Krause hörte ich später, dass die
Witwe Blockwartin[48] sei.

---

48) Blockwarte waren als Aktivisten der NSDAP zuständig
für einen bestimmten Wohnbezirk.

Eines Tages, in Glindow, hatte ich meinen Koffer dabei und ließ ihn zeitweilig bei einem Obstbauern, weil über Berlin ein heftiger Luftangriff tobte und ich ja auch am Wochenende in seinem Garten arbeitete. Dieser war nach Auskunft von Herrn Krause der politische Leiter. Ich habe trotzdem dort häufig Kirschen und Pflaumen gepflückt und etwas davon mit nach Berlin genommen. Er hatte zwei wunderschöne Töchter und eines Tages sagte er zu mir: „Schneider, Ihre Arbeit gefällt mir. Wollen Sie nicht eines meiner beiden Mädchen heiraten?" Ich sagte: „Ich glaube nicht, dass ich gerade jetzt mich binden möchte; warten wir, bis der Krieg vorbei ist." Ich glaube, er verstand das Argument. Eines Tages fragten mich verschiedene Bürger von Glindow, ob ich auch bald Bürger würde, ich erwiderte: „Die Möglichkeit könnte bestehen." Nach dem Krieg war ich niemals wieder in dieser Gegend, weil es Teil der russischen Zone wurde. Eines Tages möchte ich dorthin fahren und sie mir wieder anschauen. Der Sohn von Krause kam übrigens direkt nach dem Krieg zum Grashaus und arbeitete eine Zeit für mich hier auf dem Land.

Eines Morgens fragte mich Frau Dr. Meissner, die Herren im Hause hätten sie gefragt, ob sie auch Obst bekommen könnten. „Aber sicher, ich werde am Samstag oder Sonntag verschiedene Körbe mitbringen." Die Herren waren nachher sehr dankbar. Die Angriffe wurden heftiger und ich musste nachts oft wieder den Luftschutzkeller am Fehrbelliner Platz aufsuchen. Ich hatte wieder Pech, meine Verkäuferin des Bäckerladens konnte ich nicht wiederfinden, denn der Laden in der Martin-Luther-Straße war ausgebombt. Nun hatte ich einige Tage kein Brot. Durch Zufall traf ich zwei Tage später die Verkäuferin in der Hauptstraße, sie lief mir grade in den Weg. Ich fragte sie, wo sie gelandet sei. Sie sagte mir, in der Nähe hätte sie eine andere Filiale bekommen. Also, ich war wieder gerettet, ich konnte wieder jede Woche mein Brot holen für 15 Reichsmark.

Im Grunewald waren wieder viele Dächer und Fenster zerstört worden. Eines Tages lief ich mit meinem Handwagen zum Glaser, um verschiedene Fenster einsetzen zu lassen - ich traute meinen Augen nicht, denn Herr Henning und Frau aus Wilhelmshaven liefen in der Königsstraße vor mir auf. Ich wusste wohl, dass er verschiedene Häuser in Berlin besaß. Ich durfte mich natürlich nicht zu erkennen geben. Als ich zum Grunewald mit meiner Handkarre und den Fensterscheiben zurückkam, sagte mir meine Chefin: „Schneider, ein Huhn ist tot, das andere können Sie ja schlachten für mich" Ich tat es auch und rupfte es. Dann sagte meine Gnädige: „Das andere können Sie auch rupfen und dann mit nach Hause nehmen." Das gesunde Huhn nahm ich mit nach Hause, am anderen Morgen fragte mich die Chefin: „Wie hat Ihnen das Huhn denn geschmeckt?" - „Ausgezeichnet! Und wie hat Ihr Hühnchen denn geschmeckt?" - „Sehr gut!" - Also waren wir beide zufrieden.

Eines Tages fuhr ich wieder nach Glindow, da bekam ich bei einem Gärtner, der große Tulpenfelder angepflanzt hatte, viele Tulpen und nahm sie mit nach

Hause. Den nächsten Tag band ich die Tulpen in kleine
Sträuße, fuhr dann zur Potsdamerstraße und stand ganz
in der Nähe der Reichskanzlei. Die Leute rissen mir die
Sträuße förmlich aus den Händen, in einer halben Stun-
de hatte ich alle verkauft, so dass ich es die nächsten
Tage wiederholte - aber in der Friedrichstraße.

Als ich eines Tages in der Spichernstraße die Treppen hinunterging, hörte ich ein Gespräch zwischen
einem Polizisten und der Frau des Pförtners. Ich blieb
unbemerkt in der Nähe stehen und lauschte der Unter-
haltung. „Es scheint, dass hier jemand wohnt, der nicht
angemeldet ist." Die Frau sagte: „Nein, das glaube ich
nicht, ich kenne jeden. Soweit ich weiß, sind alle angemeldet." Aber es könnte doch noch ein Untermieter
bei Frau Dr. Meissner wohnen, der nicht gemeldet sei.
„Dann werde ich noch einmal zum Revier zurückgehen,
um die Papiere durchzusehen." Die Dame wird nicht gewusst haben, dass ich nicht angemeldet war, aber Frau
Dr. Meissner wusste es natürlich und sie erhielt von mir
Geld, um im Gegenzug meine Anonymität geheim zu
halten. Ich ging lautlos die Treppe wieder hoch.

Ich ging nach oben zu Frau Dr. Meissner und sagte
ihr, ich hätte plötzlich in anderer Gegend von Berlin auf
Friedhöfen neue Arbeit gefunden, nun bliebe mir nichts
anderes über, sie jetzt zu verlassen, ich bitte nun um
Abrechnung. „Es tut mir sehr leid, dass Sie mich verlassen wollen, ich werde Ihnen die Abrechnung fertig-
machen." Ich packte meine Sachen, rechnete mit meiner
Wirtin ab und machte mich davon. Drei Tage später gab

es einen furchtbaren Luftangriff auf diesen Stadtteil. Ich ging zurück und sah, dass der gesamte Platz ausgebombt worden war – nichts war übrig geblieben.

11. Blumenstraße und auf Besuch bei den Levys

Wo nun hin? Da fiel mir ein, dass eine Bekannte, Reinemachefrau von meiner Freundin, am Schlesischen Bahnhof wohnte in der Blumenstraße. Also fuhr ich zum Schlesischen Bahnhof und dann zur Blumenstraße zu Frau Geissler. Ich erkundigte mich dort in der Nähe im Geschäft nach der Frau: „Ja, die Frau Geissler kennen wir, die wohnt im Hinterhaus." Ich fand die Wohnung und klingelte. Sie war erstaunt, mich zu sehen. „Kommen Sie herein, ich habe von dem Unglück Ihrer Braut gehört, diese mochte Sie so gerne leiden, auch die Eltern kannte ich. – Also, lieber Schneider, was führt sie her?" - „Liebe Frau Geissler, ich suche eine Unterkunft." - „Kann mir denken, zufällig habe ich ein Zimmer frei." - „Gemeldet möchte ich aber nicht werden, da ich anderswo gemeldet bin." - „Ich weiß Bescheid, auf mich können Sie sich verlassen, bei mir wohnen allerdings zwei alte Rentner, das macht aber nichts." Frau Geissler war herzensgut, die kräftigste war sie nicht und sie hatte einen kleinen Buckel. Sie wies mir das Zimmer an; die Gegend war sehr armselig, lauter Arbeiter, die in den Fabriken arbeiteten. Ich bekleidete

mich wie ein Maurer, so dass die Leute dachten, ich
wäre ein Polier vom Bau.

Morgens sieben Uhr ging ich fort, abends um sieben
Uhr kam ich wieder. Frau Geissler hatte immer eine kleine Überraschung für mich zum Essen, obwohl sie auch
nicht viel hatte. Als ich länger dort wohnte, kamen oft
Leute zu mir, dass ich etwas bei ihnen in der Wohnung
ausbessern sollte. Die Ärmsten der Armen gaben mir oft
etwas zu essen. Ein Luftschutzkeller war in der Blumenstraße, dorthin musste ich oft gehen in der Nacht. Wenn
ich über den Alexanderplatz lief, hatte ich immer eine
Armbinde angelegt und zog mein Bein nach, ebenso am
Wittenbergplatz oder Zoo, um als kriegsverwundet zu
erscheinen. Es kam oft vor, dass das Militär den Alexanderplatz abriegelte, da musste man aufpassen, denn sie
suchten nach Deserteuren usw.

■ 27: Erich Levy im Jahre 1947

Alle Monate besuchte
ich die Levys aus Jever, die
in Karow wohnten - heim-
lich! Sie hatten oft Angst,
wenn ich kam, aber ich
musste ab und zu etwas
Bekanntes sehen. Dieser
Levy hatte eine arische
Frau und war Kriegsinva-
lide und hatte im vorigen
Krieg ein Bein verloren. Ich
bekam von ihnen ab und
zu eine Lebensmittelkarte,

so dass ich auch einmal 100 Gramm Fleisch kaufen konnte. Gern ging ich dort nicht hin wegen der Angst dieser Leute.[49]

Eines Tages bat mich eine Familie, ob ich nicht Gräber auf dem Friedhof Seestraße in Ordnung bringen könnte. Da die Angriffe immer stärker wurden, war ich dort am besten aufgehoben. Also ging ich hin und meldete mich

28: Ruth Luise Levy geb. Seecamp im Jahre 1947

beim Friedhofswärter. Ich sagte ihm, ich hätte von einer Familie am Nollendorfplatz den Auftrag, die Gräber in Ordnung zu machen, ob es auch ihm recht sei? Darauf erwiderte er: „Ich habe nichts dagegen, Kollege, denn ich habe viel zu viel Arbeit und kann dagegen gar nicht ankommen. Wenn du irgendetwas brauchst, kannst du

49) Tarnowitzer Str. 1, Pankow-Karow. Robert de Taube kannte den Viehhändler Erich Levy aus der benachbarten Kleinstadt Jever aus der Vorkriegszeit. Dieser (1891 Jever – 1967 Hannover) war verheiratet mit Ruth Luise Levy (1896 Bremen – 1960 Jever), die zum Judentum übergetreten war. Erich Levy lebte in sog. „privilegierter Mischehe". Beide Ehepartner mussten Zwangsarbeit leisten. Die Entdeckung der Unterstützung eines Untergetauchten wie Robert de Taube wäre ein Delikt für die Gestapo gewesen. Nach dem Krieg ging das Ehepaar nach Jever zurück. Erich Levy wurde 1945 von der Militärregierung zum „Vertrauensmann für die Regelung der jüdische Verhältnisse" im Landkreis Friesland eingesetzt.

es von mir immer bekommen." Ich fing an zu arbeiten, nachdem ich die Gräber gefunden hatte. Am nächsten Tag besorgte ich mir schöne Steinplatten und Blumen, vorher hatte ich mir die schönsten Gräber angesehen, danach habe ich mich gerichtet. Als ich damit fertig war, meldete ich mich bei dem Auftraggeber. Die Dame fuhr mit mir zum Friedhof und sagte mir, als sie alles besichtigt hatte: „Herr Schneider, ich hin überrascht, so schön haben Sie es gemacht! Morgen müssen Sie kommen und ihre Belohnung abholen. Falls Sie am Tage keine Zeit haben, können Sie auch abends kommen. Also ging ich den nächsten Abend hin. Ich bekam eine schöne Tasse Bohnenkaffee, dann gab die Gnädige mir eine Kiste Zigarren und 50 Reichsmark. Auch musste ich ihr von Hamburg erzählen, denn sie merkte, dass ich kein Berliner war. „Schneider, ich werde Sie weiterempfehlen." Durch diese Leute habe ich weitere Aufträge auf den Friedhöfen bekommen, die ich gerne auch erledigt habe, denn auf den Friedhöfen fühlte ich mich immer am sichersten.

Eines Tages fuhr ich nach Kleinmachnow[50] und besuchte eine Bauernfamilie. Die Frau bat mich, ab und zu zu kommen, um ihr beim Spargelstechen zu helfen, denn sie hatte große Felder davon. „Natürlich kann ich Ende der Woche Ihnen helfen." - „Sie können nachts bei mir bleiben, denn der Spargel muss in der Frühe gestochen werden." Mir konnte es nur recht sein, denn Ende

---

50) Ländlicher Ortsteil von Berlin am südwestlichen Stadtrand.

der Woche hatte ich ja immer Zeit, also blieb ich einige Tage dort. Es machte mir Spaß, um drei Uhr morgens den Spargel zu stechen, und das Gute war dabei, dass ich mich wieder satt essen konnte. Die nächste Woche fuhr ich nach Beelitz und Lehnin,[51] wo auch Spargelfelder waren. Von dort konnte ich von den Bauern so viel Spargel, wie ich brauchte, erhalten. In Berlin wurde ich den Spargel reichlich los. Eines Tages hatte ich Gelegenheit von Beelitz aus mit einem Lieferwagen, den ich voll Spargelkörbe lud, mitgenommen zu werden bis nach Berlin. Unterwegs in einer Hauptstraße von Berlin wollte der Lieferwagen nicht mehr anspringen. Der Besitzer sagte mir: „Sie müssen den Wagen verlassen und abladen!" Nun saß ich gegen Abend fest in der Hauptstraße mit meinen Körben und fragte einen Hauseigentümer, ob ich meine Körbe dort bis morgen unterstellen könnte. „Wenn du mir einige Körbe voll überlassen kannst, bin ich einverstanden." Also war ich wieder gerettet.

Am nächsten Morgen hatte ich erst Bedenken, ob ich wohl wieder zur Hauptstraße fahren sollte, um meine Körbe in Empfang zu nehmen. Ich ließ schließlich meine Bedenken fallen und machte mich auf den Weg dorthin, denn ich hatte zu viel zu verlieren. Als ich die Hausnummer wiederfand, ging ich hinein, der Hauswirt kam mir schon entgegen. „Ich habe einige Körbe voll Spargel schon in Ihrem Interesse an meine Verwandten

---

51) Klassische Spargel- und Gemüsegegend in Brandenburg in der Nähe von Glindow, ca. 50 Kilometer vom Berliner Zentrum entfernt.

verkauft. Hier haben Sie das Geld dafür. Ich will Ihnen einen Rat geben: Verkaufen Sie den Spargel hier vor der Tür, die Leute kommen hier alle vorbei und, Sie werden sehen, in einem kurzen Augenblick sind Sie alles los. Bloß Sie müssen alles vorher in Kilogramm-Bündel aufteilen." Der Hauswirt half mir dabei und dann stellte ich mich vor die Tür. In ganz kurzer Zeit hatte ich allen Spargel verkauft. Meine Körbe ließ ich einige Tage bei dem Hauswirt stehen; er sagte mir: „Sie können heute ja nicht alle mitnehmen, und wenn Sie mal wieder etwas haben an Blumen und Gemüse oder Obst, dann können Sie das immer hierher bringen." Ich suchte den nächsten Tag den Besitzer des Lieferwagens aus Dahlem-Dorf auf und bat ihn, die Körbe wieder mit nach Beelitz zum Bauern zu nehmen. Er sagte mir, dass er erst nächste Woche könnte, da der Wagen noch nicht repariert sei.

Die nächsten Tage fuhr ich wieder nach Glindow über Werder. Als ich dort ankam, musste ich auf den Zug warten. Ich sah auf dem Bahnsteig zwei SS-Soldaten stehen, die sich unterhielten. Ich erkundigte mich bei den Herren, wann der nächste Zug nach Werder ginge. Sie sagten mir, der müsste in zehn Minuten kommen. Mit einem Male sah ich, dass zwei andere Soldaten von diesen Leuten auf dem Bahnsteig die Ausweise verlangten. Ich hielt mich natürlich bei den SS-Männern in der Nähe auf. Inzwischen lief der Zug ein, ich stieg schnell in ein Coupé ein und an der nächsten Tür gegenüber auf den Gleisen wieder aus, lief zum nächsten Wagen und stieg wieder ein. Das Coupé war voll besetzt, so dass ich stehen musste, aber der Zug lief gleich ab. Unterwegs auf dem Wege nach Glindow traf ich wieder die Landwacht. „Na, August Schneider, wollen Sie wieder Obst holen?" - „Ja, das möchte ich wohl." Ich kam inzwischen bei Krause an, dort konnte ich mithelfen einen Strohhaufen zu machen, denn sie waren beim Dreschen. Zum Frühstück bekam ich eine Milchsuppe. „Schneider, heute kannst du zwölf Körbe voll Zwetschen bekommen." Natürlich musste ich sie anständig bezahlen. Also ging es wieder um sechs Uhr abends von Glindow nach Werder und dann über Potsdam per Stadtbahn zum Grunewald. Um ca. drei Uhr erreichte ich den Grunewald und brachte meine Zwetschen im Treibhaus von Frau Sotscheck unter.

Erich Krause war immer am Schimpfen über die neuen Verordnungen und mit der Welt. Er wusste ziemlich Bescheid, was es mit den deutschen Siegen tatsächlich auf sich hatte, denn er besaß ein Radio und hörte offenbar heimlich den englischen Sender. Ich tat anfangs so, als wenn mich das gar nicht interessierte, dennoch war ich natürlich sehr neugierig, von ihm etwas zu hören. Er gewann im Laufe der Zeit eine Menge Vertrauen zu mir, ich bekam nicht nur regelmäßig Arbeit dort, sondern schießlich hörten wir zusammen den Sender. So erfuhr ich eine ganze Menge, was ich vorher nicht wusste. Natürlich – das war streng verboten, aber wir hatten viel Freude daran. Eines Tages fragte er mich, was ich denken würde, und ich sagte ihm, dass ich sehr froh wäre, wenn der Krieg erst vorbei wäre. Danach hatten wir ein stillschweigendes Verständnis und er fragte mich gar nicht mehr, ob ich den Sender hören wollte. Er machte ihn immer an, wenn ich da war und die Luft rein.

Den nächsten Tag fuhr ich vom Zoo nach Grunewald mit der Straßenbahn 67. Als wir kurze Zeit gefahren waren, blieb die Bahn stehen und dann kam ein Offizier herein und sagte: „Bitte die Ausweise vorzeigen." Ich schwenkte meine Monatskarte mit Bild hin und her, der Offizier ging bei mir vorbei und winkte – ich hatte wieder einmal Glück! Meine Chefin war hocherfreut, als sie die Zwetschen sah. „Oh, Schneider, die will ich aber alle behalten!" - „Nein, liebe Frau, ihre Nachbarin, die bekommt auch einige Körbe." Gern sah sie dieses ja nicht, ich trug mehrere Körbe zu der Nachbarin, die freute sich riesig und die Köchin machte schnell ein Frühstück. Als wir so richtig am Frühstücken waren, kam die Chefin mit Geld und sagte: „Ihr beide passt ja großartig zusammen!" - „Schneider, Sie müssen unbedingt noch einige Obstbäume besorgen." Ich versprach es ihr und fuhr an demselben Nachmittag noch nach Bernau zu meinem Kollegen Gärtner Müller! Die Tochter empfing mich freudestrahlend: „ Aber Schneider, Sie waren ja lange nicht hier, was war los?" Ich sagte ihr, dass ich augenblicklich sehr viel Arbeit hätte. „Helfen Sie mir eben schnell im Gewächshaus die Töpfe umstülpen." Ich tat ihr den Gefallen, denn ich wollte ja einige Obstbäume vom Vater haben. Gegen Abend bekam ich alles, was ich brauchte, und fuhr mit der Stadtbahn wieder zum Grunewald. Nachdem ich meine Obstbäume wieder abgeliefert hatte, ging ich zum Roseneck, um nach

Hause zu fahren, erst bis Zoo und dann mit der Stadtbahn zum Schlesischen Bahnhof. Dann ging ich zu meiner Wohnung in der Blumenstraße bei Frau Geissler und früh ins Bett, denn ich war ziemlich müde. Die Wanzen an den Wänden und im Bett ließen mich aber nicht schlafen. Es mochte gegen drei Uhr nachts gewesen sein, da gingen wieder die Sirenen, so dass wir wieder den Luftschutzkeller aufsuchen mussten – es dauerte diesmal länger. In der Nähe muss allerlei passiert sein, die Entwarnung dauerte eineinhalb Stunden. Bei uns zu Hause war nichts passiert. Ich versuchte einige Zeit zu schlafen, aber es wollte nicht klappen. So machte ich mich fertig und fuhr zum Grunewald zu der Frau des Bankvorstehers der Deutschen Bank.

Die Köchin erwartete mich schon: „Na, Schneider, heute Nacht war es wieder einmal schlimm mit den Sirenen und Bombenwürfen." Ich sagte ja. „Nun kommen Sie mal herein, ich habe schönen Kaffee gemacht, die Gnädige ist verreist." Das Frühstück dauerte ziemlich lange, denn wir hatten uns viel zu erzählen. Nach Beendigung des Frühstücks ging ich in den Garten und pflanzte die Obstbäume ein. Als es ein Uhr wurde rief mich die Köchin wieder zum Mittagessen, sie hatte Bayerische Knödel gemacht und holte mal wieder eine schöne Flasche Wein aus dem Keller. Ich ließ es mir gut munden und wir tranken uns gegenseitig zu, so dass sie noch eine Flasche aus dem Keller holte. Nachdem ich eine Stunde Mittag gemacht hatte, musste ich natürlich meine Arbeit im Garten weitermachen, da sah ich, dass viele Leute Sachen und Teppiche schleppten und zu ihren Villen brachten. Ich fragte nachher die Köchin, was waren das denn für Leute? „Ja, denken Sie sich einmal, das sind wohlhabende Leute - und die haben die Wohnung von dem Fritsch ausgeraubt, die sind nicht zu Hause." Hoffentlich hat der Fritsch die Sachen nach dem Kriege wiederbekommen.[52]

Eines Tages sagte mir meine Frau Sotscheck: „Schneider, hören Sie bitte einmal: Hier in der Nachbarschaft wohnte ein Werwolfmann,[53] der hat so viel Wein in seinem Keller zurück gelassen! Wir wollen den Nachbarn Bescheid sagen, dass sie sich daran beteiligen, die Flaschen zu begraben, denn wenn die Feinde nach Berlin kommen und den Wein dann finden, das wäre nicht gut." Schließlich einigten wir uns, den Wein aus dem Keller zu holen, um ihn zu vergraben. Jeder bekam 30 Flaschen: der künftige Schwiegersohn meiner Chefin, drei Nachbarn und meine Wenigkeit. Es mögen wohl vier Wochen vergangen sein, da fragte meine Chefin: „Schneider, wo haben Sie Ihren Wein vergraben?" Ich sagte, ich wüsste es nicht mehr. Das junge Mädchen erzählte mir, die Frau habe ihren Wein schon ausgetrunken, sowie den Anteil ihres zukünftigen Schwiegersoh-

52) Willy Fritsch (1901 – 1973), wohl der prominenteste Filmschauspieler der Ufa, wohnte auf dem rückwärtig an Wildpfad 26 und 28 angrenzenden Grundstück Griegstraße 27.

53) Die Organisation Werwolf war eine nationalsozialistische Freischärlerbewegung, die im September 1944 von Reichsführer-SS Himmler ins Leben gerufen wurde. Die Mitglieder sollten in den Untergrund gehen, „Verräter" und „Saboteure" ausschalten und nach der absehbaren Niederlage als Partisanen gegen die Besatzer kämpfen.

nes. Deshalb wollte sie wissen, wo ich meinen vergraben hätte. Von mir hat sie es nicht erfahren - er muss noch im Garten unter der Erde liegen.

Die nächsten Tage wurden die Angriffe immer stärker, so dass oft jede halbe Stunde die Sirenen ertönten. Eines Abends um acht Uhr heulten die Sirenen, alles lief zum nächsten Luftschutzkeller und ich konnte gar nicht schnell genug laufen. Diesmal dauerte der Angriff länger und man hörte die Bomben fallen. Es mochte wohl eine Stunde vergangen sein, da wurde es ruhiger. Ich ging mit Frau Geissler nach Hause und da sahen wir die Bescherung - rund herum war alles zerstört und bei uns waren nur die Fensterscheiben kaputtgegangen. Schnell hatte ich alle Fenster notdürftig mit Pappe vernagelt, so dass wir keinen Zug mehr hatten. Es mochte wohl eine Stunde vergangen sein, da fielen ohne Warnung einige Bomben, so dass wir im Hinterhaus eingesperrt waren und nicht mehr herauskonnten. Überall in der Nähe brannte es lichterloh, die Feuerwehr raste durch die Straßen – auch wir bekamen Hilfe von der Feuerwehr. Durch hohe Leitern über die vorstehenden Häuser konnten wir aus den eingeschlossenen Wohnungen unter Lebensgefahr zu den nächsten Straßen entkommen. Soweit das Auge reichte, brannte es lichterloh auf den Straßen. Es wurden Notbehelfe eingerichtet, Lebensmittel verteilt und Brotmarken herausgegeben. Ich meldete mich auch, als August Schneider, und bekam so zum ersten Mal eine ganze Lebensmittelkarte.

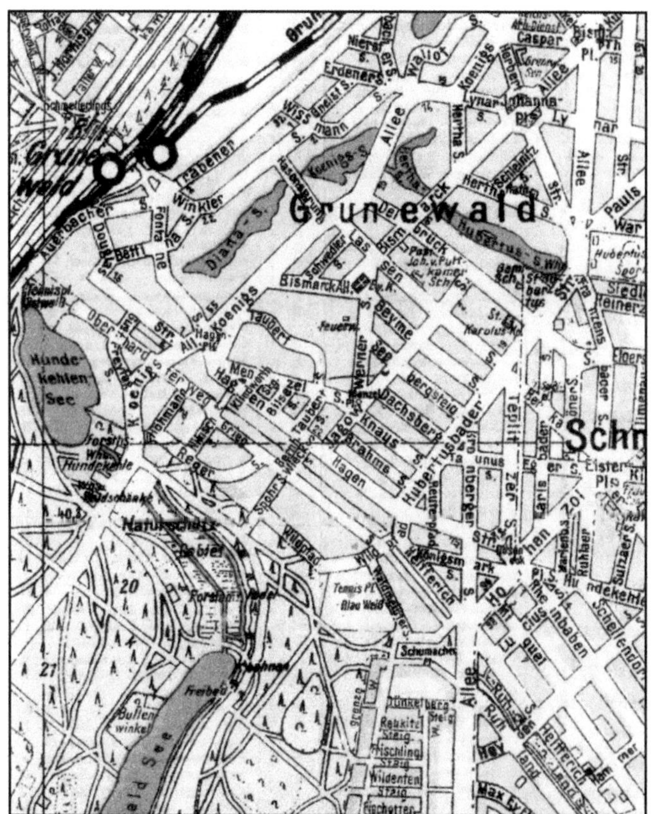

■ 29: Der Ausschnitt aus einem Berliner Stadtplan von 1943 zeigt die Villengegend von Dahlem und Grunewald. Der Wildpfad grenzt an das Naturschutzgebiet und an das Gelände vom „Tennisclub Blau-Weiß Berlin"

12. Burgunderstraße

Frau Geissler verabschiedete sich von mir und sagte, sie wollte zu den Verwandten fahren - und nun musste ich wieder überlegen, wohin? Da fiel mir ein, dass eine Malerin - Fräulein Asbach, die oft zu Frau Sotscheck kam - in der Burgunderstraße, Wilmersdorf, ein Atelier oben im Hause hatte.[54] Ich ging dorthin. Es war inzwischen Winter geworden und es war sehr kalt. Auf dem Boden lagen alte Möbelstücke und sonstiges Gerümpel aus Holz. Ich schlug alles kurz und klein und heizte damit den Ofen, so dass eine angenehme Wärme entstand. Das Haus Burgunderstraße hatte zwei Eingänge. Einer war von der anderen Straße, das war sehr gut für mich, dann fiel ich nicht auf. Eines Tages war ich wieder zum Atelier gegangen über den Boden des nächsten Hauses, da erwartete mich ein älterer Herr, es war ein Hausbewohner. Was ich auf dem Boden zu suchen hätte? Ich sagte ihm, ich wolle zu Frl. Asbach. Er schaute mich weiter an.- „Sagen Sie einmal, waren Sie nicht auch einmal jung?" Darauf ging ihm ein Licht auf, er lachte und verschwand. Ich hatte die Situation wieder gemeistert.

54) Gertrude Asbach, Berlin-Wilmersdorf, Burgunderstraße (Berliner Adressbuch von 1943).

Denselben Tag ging ich zu Frau Sotscheck und traf dort zufällig auch Frl. Asbach. Ich sagte ihr, dass ich in ihrem Atelier gewesen sei und den Ofen auf dem Boden eingeheizt hätte. Und bei dieser Gelegenheit erzählte ich ihr, dass ich in der Blumenstraße ausgebombt sei. „Oh, Schneider, dort können Sie vorläufig immer wohnen, dann wird das Atelier wenigstens geheizt." Sotscheck und das Atelier waren meine Heiligtümer, zu denen ich zurückkam, wenn erforderlich. Wenn ich mich an dem einen Platz unsicher fühlte, ging ich zu dem anderen und so weiter.

Frau Sotscheck bat mich, ich möchte in ihrem Garten eine Grube ausheben und innen mit einer Mauer versehen. Nun hatte ich wieder einige Tage Arbeit. Als die Grube fertig war, musste ich verschiedene Kisten verstauen, denn sie hatte Angst, dass sie wohl alles verlieren könnte. Was sie dort drin hatte, wusste ich nicht. Ich glaube, es waren wohl Silber- und sonstige Wertsachen. Das war sehr richtig von der Chefin! Der Krieg näherte sich Berlin, man hörte in der Ferne die Geschosse und die Bomben fallen. Frau Sotscheck bekam es mit der Angst und bat mich, nachts bei ihr zu bleiben, ich könnte ja im Keller schlafen. Das war mir schon recht, denn im Keller war ja die Heizung, dann konnte ich mir auch gelegentlich Kartoffeln in Lebertran braten auf der Heizung.

Ich weiß nicht mehr genau, wann das geschah: Ich hatte einen jüdischen Bekannten, der mit ein paar arischen Freunden in einer Wohnung versteckt lebte, sie kamen nie heraus, ließen sich nie auf der Straße sehen.

Die Nachbarn halfen ihnen immer mit Lebensmitteln. Ich erinnere mich nicht mehr, wie er hieß. Er lebte dort mit seinen alten Eltern. Eines Tages im Herbst kam er zu mir und sagte: „Kannst du mir vielleicht helfen?" – „Womit könnte ich dir helfen?" – „Du musst mir einen großen Gefallen tun. Mein alter Vater ist gestorben. Nun wissen wir nicht, wie wir ihn aus der Wohnung heraus bekommen." – Ich sagte: „Ja, ich versuche dir zu helfen, soweit ich das kann. Ich werde morgen Abend mit einem Karren zu deiner Wohnung kommen. Und du wirst deinen Vater in einen Sack stecken müssen. Dann komme ich herauf und helfe dir, deinen Vater auf den Karren zu bekommen. Und dann bringen wir ihn nach Treptow, und wir legen ihn unter einen Baum." Und genau das taten wir. Wir bedeckten den alten Mann schön mit Tüchern und dann verschwanden wir wieder im Dunkeln. Niemand nahm glücklicherweise von uns Notiz.

■ 30: Die von Bomben beschädigte Villa Deutsch, Wildpfad 26, 1943 oder 1944

13. Der Wildpfad wird befreit

Der Krieg wurde schlimmer und schlimmer, die Luftangriffe schwerer und schwerer. Das Kriegsende kam in Sicht, als die Russen nah an Berlin heranrückten. An einem Tag kam es zu einem furchtbaren Gefecht bei der Halensee-Brücke, das 14 Tage andauerte, wo die Deutschen sich verteidigten und die Russen versuchten hinüber zu kommen. Kugeln und Schrapnelle heulten durch die Luft in Umgebung und Gärten, ich hörte sie pfeifen direkt bei meinem Kopf, ein- oder zweimal. Und dann kam die am meisten furchtbare Zeit, in der tote Männer, tote Pferde usw. auf den Straßen lagen, Fahrzeuge aufgerissen waren und ausgebrannte Panzer herumstanden – ein furchterregendes Durcheinander. Einige Tage später war ich gerade im Garten beschäftigt, da fielen plötzlich Gewehrsalven um mich herum - ich lief schnell in die Wohnung und sagte Bescheid, dass niemand nach draußen gehen sollte. Es vergingen wieder wohl ein paar Tage - ich war zufällig wieder im Garten - da sagte mir die Köchin von nebenan, die Russen seien im Anmarsch.[55] Ich sprach mit der Chefin, was zu tun sei. „Oh, Schneider,

55) Diesen Teil Berlins besetzte die Rote Armee am 25. April 1945. Am 30. April beging Hitler Selbstmord, am 8. Mai trat die bedingungslose Kapitulation des Deutschen Reichs in Kraft.

was machen wir?" - Da fiel mir ein, dass wir auf dem Boden eine Schweizer Fahne hatten, ich holte sie und hing sie zum Fenster hinaus, dass jeder sie sehen konnte. Am Nachmittag kamen tatsächlich die ersten Russen gelaufen und wollten das Haus stürmen. Ich zeigte zur Fahne und sagte: "Schweizer Gebiet", da entschieden sie sich, besser abzuziehen. Dafür war Frau Sotschek sehr dankbar, da ich so ihr Haus und ihre Besitztümer rettete. Die beiden Mädchen versteckte ich sorgfältig unten im Keller. Die Situation war schrecklich – die Russen vergewaltigten die meisten Frauen und verwüsteten die Häuser. Es war egal, ob es die Frau eines Offiziers, Generals, Rechtsanwalts oder eine Krankenschwester oder eine alte Frau war – sie vergewaltigten alle. Die Soldaten hatten drei Tage unumschränkte Freiheit betreff Frauen und junger Mädchen und bedienten sich reichlich. Diese Periode zog sich ungefähr zwei Wochen hin.

Den nächsten Tag kamen drei Offiziere zur Villa und fragten, wer ich sei. Ich sagte, ich wäre hier der Gärtner. Sie gaben mir zu verstehen, dass sie sich hier einquartieren wollten. Ich rief die Chefin, sie sagte: "Schneider, räumen Sie die Garage aus, dort können die Herren sich einrichten." Die Offiziere hörten es, sagten darauf: "Frau Garage, wir Wohnung!" Ich gab der Frau Sotschek zu verstehen, dass es besser sei, den Offizieren die besten Stuben zur Verfügung zu stellen - sie sah es ein.

Ich fragte einen der Herren Offiziere, woher er so gut deutsch sprechen konnte: Er stamme aus der Ukraine und hätte dort auch Englisch gelernt. Er fragte mich, ob ich Berliner sei. Bei dieser Gelegenheit gab ich mich zu erkennen, ich sei Jude, wäre hier untergetaucht, und erzählte dann die gesamte Geschichte. Ich achtete aber darauf, sie glauben zu lassen, dass ich ein „Arbeiter"[56] sei. „Das ist Unsinn, alle Juden sind umgebracht worden." Er glaubte mir nicht, weil sie auf dem Vormarsch die Vernichtungslager in Polen gesehen hatten. Ich lieferte ihm den Beweis durch Auftrennen der Hosennaht und zog meinen Judenstern hervor. Jetzt glaubte er es und wollte noch mehr wissen. Er nahm mich dann auch gleich mit zum Marketenderwagen und gab mir Brot, Fleisch und Konserven. Ich gab alles der Chefin, denn wir hatten längere Zeit auch nicht viel zu essen gehabt. Die Chefin freute sich natürlich. Sie war insgesamt froh, dass jetzt die Herren bei uns wohnten, wenn auch keine Sauberkeit herrschte. Dafür musste ich dann sorgen. Wegen der Offiziere war nicht so viel durch die einfachen Soldaten zu befürchten. Im Garten und vor dem Hause standen Posten mit Gewehr und Geschütz. Die Tochter und ihre Freundin hatten wir ja im Kohlenkeller hinter einem Verschlag, den man so leicht nicht finden konnte, untergebracht.

Einer unserer Nachbarn besaß ein Auto. Die Russen schauten es sich an und wollten es wegnehmen. Er erzählte ihnen, dass es kaputt sei. Aber sie schickten einen Mechaniker, der sich das Auto genauer ansah. Es stellte

____

56) Robert de Taube spielt hier auf die Zwangskollektivierung der Landwirtschaft und die Verfolgung der Bauern in der UdSSR unter Stalin an.

sich heraus, dass er den Motor eingegraben hatte, um ihn zu verstecken. Die Russen sagten ihm, dass er innerhalb einer Stunde den Motor bereitzustellen hätte, sonst würden sie ihn erschießen. So grub er eiligst in seinem Hinterhof den Motor wieder aus, die Russen brachten ihn in Gang und fuhren mit dem Auto davon. Sie nahmen ebenfalls Pferde weg und alles Mögliche, was halbwegs wertvoll war. Sie reparierten niemals irgendetwas, wenn sie es vermeiden konnten. Sie warfen gute Fahrräder fort, wenn an ihnen die einfachste Sache kaputt war.

Im Keller hatten wir zwei neue Fahrräder versteckt, die ich auf der Straße vor einigen Tagen gefunden hatte. Die Russen hatten sie weggeschmissen, da die Schläuche geplatzt waren. Ich hatte sie repariert, eines für mich, das andere für Frau Sotscheck. Plötzlich waren die Fahrräder verschwunden, niemand wusste, wo sie geblieben waren. Am Abend des Tages lagen die Fahrräder an der Mauer im Garten. Ich brachte die Räder in das Treibhaus und nahm an, dort würden sie sie so schnell nicht finden, aber ich irrte mich. Die beiden Offiziere fuhren bald erneut damit los. Wir dachten schon, wir würden sie niemals wieder sehen, aber am nächsten Tag kam einer von ihnen zurück. Er war vollkommen betrunken und fuhr auf dem Fahrrad immer im Kreis, ich mochte nicht glauben, was ich sah. Schließlich entschied ich mich, weil er komplett betrunken war, ihn anzuhalten und ihm das Fahrrad abzunehmen. Die Posten im Garten waren verwundert über mein Wagnis, sie dachten da passiert gleich etwas, aber die Offiziere gingen lachend in die

Wohnung und schliefen sich aus. Eine Menge russischer Soldaten stand herum, sie meinten wohl, die ganze Sache sei ein großer Scherz und lachten sich kaputt, und so verhielt ich mich auch. Aber es half alles nichts, am nächsten Tag nahmen sie die Fahrräder wieder mit. Das war das letzte Mal, dass wir sie sahen. Von diesem Tage an sprachen die Posten mit mir, so gut sie konnten.

Am nächsten Tage war ganz Grunewald auf den Beinen. Meine Chefin sagte mir: „Schneider, die gehen alle zu den SS-Lagern und holen sich Lebensmittel. Also, Schneider, nun wird es Zeit für Sie." Ich holte meinen Rucksack und einige Körbe und ging zu dem Lager. Da standen große Bottiche mit Fleisch und vieles andere. Ich packte meinen Rucksack und die Körbe voll und zog los. Auf unserem Weg zurück wurden wir von den Russen angehalten, die immer in unsere Taschen schauen wollten. Sie waren sehr zurückhaltend, wenn wir nur Proviant darin hatten – alles andere Wertvolle wie z.B. Uhren oder Fahrräder kassierten sie natürlich einfach ein und eigneten es sich an. Aber sie erlaubten uns, Lebensmittel zu besorgen, weil sie wussten, dass wir hungrig waren. Als ich zu Hause ankam erwartete mich schon meine Frau Chefin. „Na, Schneider, hat es sich gelohnt? Am besten nehme ich die Sachen in Verwahrung." So war es häufiger: Ich hatte das Nachsehen, aber ich musste ja froh sein, denn ich hatte viel Gutes von ihr erfahren.

Am folgenden Tag rief die Chefin mich: „Schneider, im Garten müssen Sie noch umgraben und das Treib-

haus aufräumen." Ich erwiderte: „Es hat sich wohl aus-
geschneidert!" - „Wie soll ich das verstehen? Ich kenne
Sie ja gar nicht wieder. Nun sind die Kampfhandlungen
vorbei und nun haben Sie keine Lust mehr?" - „Sehr ver-
ehrte Frau Sotscheck, ich möchte mich mit Ihnen unterhalten und auch Ihr Fräulein Tochter muss zugegen sein."
- „Also, Herr Schneider, dann kommen Sie bitte herein,
ich bin gespannt, was Sie mir zu berichten haben." Die
Tochter wurde gerufen - wir nahmen in der guten Stube
Platz. „Schneider, wollen Sie auch etwas trinken?" - „Im
Moment bitte nicht." Ich erzählte meiner Chefin und
ihrer Tochter die Geschichte von einem „Freund", der
ein deutscher Jude, Landwirt und Landbesitzer war, der
von seinem Grund und Boden weggejagt worden war
und der als Flüchtling unter falschem Namen und ohne
Lebensmittelkarten und Ausweispapiere zweieinhalb
Jahre in Berlin zu arbeiten hatte, um zu überleben. Als
ich geendet hatte, sagte ich: „Dieser Mann war August
Schneider - in Wirklichkeit Robert de Taube, Landwirt
aus Horsten bei Wilhelmshaven." - „Oh, Schneider, das
haben Sie großartig gemacht. Ich muss Sie bewundern.
Dass Sie Jude wären, habe ich nicht gedacht." Vielleicht
wollte sie es nicht wahrhaben. Oder sie hat gedacht, ich
wäre ein Deserteur. Sie war schon ziemlich überrascht,
aber nicht so sehr, wie ich es erwartet hatte. „Wissen
Sie was, bleiben Sie hier in Berlin, ich gebe Ihnen meine Tochter und viel Geld dazu." - „Gnädige Frau, es ist
sehr rührend von Ihnen - ich möchte wieder nach meiner Heimat und Ihre Tochter hat einen Freund, den soll

sie heiraten." Die Chefin stand auf und gab mir einen Kuss: „Schneider, das haben Sie glänzend gemacht - nun wollen wir darauf eine Flasche Wein trinken." Während wir uns noch unterhielten, kam ein Marineoffizier zu Besuch, ein Bekannter der Familie, nahm ich an. Er erzählte, er wollte morgen nach Frankreich zu seiner Familie. Beim Weggehen bat ich ihn, von Frankreich aus meine alten Eltern in England zu benachrichtigen, dass ich noch am Leben sei. Wie ich später erfahren habe, hat er es auch prompt erledigt.

14. Nachkriegszeit in Berlin, Fahrt nach Dresden

Eines Tages ging ich zum Roseneck, da sah ich, dass auffallend viele Leute aus den Kellern von Wohnungen kamen, ich war ja neugierig. Es waren russische Soldaten, sie hatten sich Konserven besorgt. Einer der Russen hielt mich an. „Du Soldat?" - „Nix Soldat." - „Ich Soldat." Er gab mir zwei Konservenbüchsen, da kamen vier Soldaten der Russen anmarschiert mit Gewehren. Von weitem müssen sie beobachtet haben, dass ich mit einem ihrer Kameraden gesprochen hatte. „Woher du Konserven?" Ich sagte: „Von dem Kameraden von euch." „Du Soldat?" - „Nix Soldat." Ich musste mich an die Mauer eines Hauses stellen und er durchsuchte meine Taschen nach Waffen, dann musste ich meine Hände hochhalten und er fing mit fünf Meter Abstand über meinen Kopf zu schießen, mindestens sechsmal. Als er merkte, dass ich keine Angst zeigte, gab er mir einen Fußtritt und ich konnte nach Hause weglaufen. Dieser Soldat war ein Kaukasier, natürlich angetrunken. Die anderen Soldaten waren in den Keller gegangen, um nach Konserven zu suchen. Ich war erledigt, als ich zu Hause ankam. Meine zwei Konservendosen hatte ich noch bei mir. Die nächsten Tage wagte ich mich nicht mehr auf die Straße. 14 Tage waren die russischen Offiziere bei uns, dann kamen englische Einquartierungen.[57] Mit denen konnte man sich besser verständigen und es wurde etwas ruhiger und sicherer auf den Straßen. Es lagen noch viele Pferdekadaver und tote Soldaten auf der Straße und viele Panzer. Die Panzer hatten die Russen eher geholt als die toten Kameraden.

Ich lief nun oft zum Bahnhof Zoo und zum Lehrter Bahnhof, ob man die Möglichkeit hatte, nach Hause nach Wilhelmshaven zu fahren. Aber es war völlig unmöglich, denn alle Züge waren vollkommen überfüllt und so viele Flüchtlinge lagen noch wartend herum.

Eines Tages fiel mir ein, dass ich noch einen Koffer mit Sachen bei unserem Bekannten Max Jakobs in Dresden hatte, nun versuchte ich, dorthin zu kommen. Erst musste ich mir einen Ausweis von der Kommandantur besorgen. Als ich den bekam, ging ich zum Bahnhof und hoffte, dass ich Glück hätte, einen Platz in den vollbesetzten Zügen zu bekommen. Der Zug war voll besetzt, sogar auf dem Dach und auf den Trittbrettern. Ich lief hin und her mit meinem Brot im Rucksack und spähte, ob ich mich wohl irgendwo hinein drängeln konnte. Es

----

57) Am 1. Juli 1945 trafen die ersten Truppen der Amerikaner und Briten in Berlin ein, die sowjetischen Truppen übergaben ihnen am 4. Juli 1945 die drei Westsektoren und zogen sich in den Ostsektor zurück. Die Franzosen trafen erst ein paar Wochen später ein. Grundlage war die Berliner Viermächteerklärung vom 5. Juni 1945, die den Viermächtestatus von Berlin festlegte. Vom 17. Juli bis zum 2. August 1945 fand im Schloss Cecilienhof bei Potsdam die abschließende Konferenz der Siegermächte des Zweiten Weltkriegs statt.

glückte bei dem letzten Wagen. An Sitzen war nicht zu denken. Der Zug lief ab und nach vielen Stunden erreichten wir in den Abendstunden Dresden. Was ich da sah, ist kaum zu beschreiben - ganze Straßenzüge ein Trümmerhaufen. Ich erkundigte mich, wo die Breitenbachstraße sei, da bekam ich zur Antwort, dort stehe kein Haus mehr. Der Mann, den ich gefragt hatte, ging ein Stück mit hinunter und zeigte mir die Richtung. Der Herr erzählte mir, dass in Dresden bei Luftangriffen 200.000 Menschen umgekommen seien.[58] Nun hatte ich keine Hoffnung mehr, den Bekannten dort noch zu finden. Als ich in die Straße kam, sah ich, dass alles zerstört war. Auch die Ruine des Hauses, wo der Bekannte gewohnt hatte, fand ich. Zufällig sah ich an der Mauer mit Kreide geschrieben. „Ich wohne jetzt in Wurzen,[59] dahin bin ich verzogen - Max Jacobs.“

Nun blieb mir nichts anderes übrig, als zum Bahnhof zurückzugehen und mich zu erkundigen, wann der nächste Zug nach Wurzen ging. Ich bekam die Antwort, um sechs Uhr morgens. Nun musste ich die Nacht auf dem Bahnsteig zubringen. Der Bahnsteig war voller Menschen, die dort lagerten und auf die Züge warteten. Die Nacht über nahm ich eine Decke aus dem Rucksack, die ich Gott sei Dank mitgenommen hatte und schlief auch

58) Bei den Mitte Februar 1945 auf Dresden erfolgten massiven Luftangriffen kamen nach neueren Forschungen zwischen 18.000 und 25.000 Menschen um ihr Leben. Die Zahl wurde viele Jahre lang als wesentlich höher angenommen.

59) Wurzen – Kleinstadt bei Leipzig, ungefähr 90 Kilometer von Dresden entfernt.

sofort ein. Ein Mann, der neben mir lag, weckte mich, als
der Zug eingelaufen war. Nun ging es nach Wurzen, wie
lange wir gefahren sind, weiß ich heute nicht mehr. Als
ich in Wurzen ankam, ging ich zur Polizei, um mich zu

31: Wartende Flüchtlinge am Lehrter Bahnhof 1945

erkundigen, wo Max Jacobs wohnte. Die Herren schickten
mich zum Wohnungsmeldeamt, wo ich die gewünschte
Auskunft erhielt. Inzwischen war es gegen Mittag geworden, als ich zur Wohnung des Herrn Jacobs kam. Ich klingelte, die Wirtschafterin öffnete die Tür und fragte mich,
was ich wünschte. Mit einem Male erkannte sie mich und
wurde kreidebleich. „Sind Sie Herr de Taube, wie ist es
möglich! Max, komm einmal schnell her, ein Mann will

dich sprechen." Er kam aus dem Erstaunen gar nicht heraus. Er dachte, dass ich nicht mehr lebte, und nun die Überraschung!

„Oh, was freue ich mich, Sie wiederzusehen - nun kommen Sie herein!" Dann erzählte er mir, wie es ihm in Dresden ergangen war. Zu Mittag konnte ich bei den Leuten etwas essen, aber Platz hatten sie weiter nicht, dass ich einige Tage dort hätte bleiben können. Ich fragte, ob er noch meinen Koffer mit den Sachen hätte. „Leider nicht..." Die Sachen hätten sie ausgelagert gehabt und wären dort ausgebombt worden. Zufällig sah ich in ihrem Schlafzimmer meine Kamelhaardecken, die aus dem Koffer stammten, auf den Betten liegen. Als ich wieder fortging, waren sie verschwunden. Herr Jacobs brachte mich zum Bahnhof und ich fuhr wieder nach Berlin zurück.

Den nächsten Tag ging ich zur jüdischen Gemeinde in der Joachimsthalerstraße, meldete mich dort und bat um einen Ausweis. Ich hatte zufällig meinen alten Führerschein noch in meinem Rucksack gefunden, auch meinen Judenstern konnte ich vorzeigen. Sie fragten mich, wie ich es fertig gebracht hätte, mich solange ohne Lebensmittelkarten und Ausweis in Berlin und Umgebung aufzuhalten. Erstens konnte ich nachweisen, dass ich vor drei Jahren in der Hektorstraße 5 und in der Freisingerstraße gemeldet war, und außerdem hatte ich den schriftlichen Nachweis von Zeugen, die mein Leben in Berlin bestätigten. Nun ging ich zum Wohnungs- und Meldeamt im Rathaus Schöneberg und ließ mir eine Wohnung nachweisen, es war natürlich sehr schwierig, denn so viele Leute suchten eine Bleibe. Zufällig war eine Wohnung frei in der Burgunderstrasse 81, aus der die Leute getürmt waren. Dort bekam ich zwei Zimmer. Ich ging gleich dorthin, es war noch alles eingerichtet und ich fühlte mich wie ein König. Arbeit hatte ich ja noch genug, in Grunewald und Umgebung.

15. Durch die Sowjetische Zone nach Westdeutschland

Wochenlang ging ich Tag für Tag in der freien Stunde zum Bahnhof, um mich zu erkundigen, ob eine Möglichkeit bestand, von Berlin fortzukommen.

Tausende von Flüchtlingen aus dem Osten warteten dort täglich, um fortzukommen - es war unmöglich. Die Züge waren alle überfüllt und es fuhren nur ganz wenige. Ich hoffte immer, dass es besser würde, leider nicht. Und so musste ich mich in Berlin aufhalten, trotz meiner Sehnsucht nach dem Horster Grashaus – meiner Heimat! Eines Tages sagte mir ein Bekann-

■ 32: Das von Robert de Taube erwähnte Reisedokument mit den Stempeln der alliierten Mächte, unrestaurierter Zustand

ter: „Du musst dir von allen vier alliierten Siegermächten einen Ausweis besorgen, um von hier fortzukommen." Dieses tat ich dann auch. Von jedem Konsulat ließ ich mir einen Stempel auf den Ausweis drücken. Der amerikanische Konsul sagte mir: „Sie haben ja schon drei darauf!" Ich: „Ihr Stempel von den USA zieht besser." Der Herr lachte, haute seinen Stempel darauf und wünschte mir gute Reise nach meiner Heimat.[60]

Die Tage vergingen. Tag für Tag ging ich weiter zu den Bahnhöfen, aber alles war vergebens. Eines Tages holte ich mir mein Fahrrad vom Grunewald und packte meinen Rucksack. Die Damen im Wildpfad rieten mir ab, ich sollte mich doch nicht in ein Abenteuer begeben. Aber die Sehnsucht nach meiner Heimat war stärker.

Zuerst fuhr ich in Richtung Potsdam, dann weiter nach Werder und Glindow und kam gerade zu Mittag bei Erich Krause an. Sie waren erfreut, mich zu sehen und luden mich zu Mittag ein. Bei dieser Gelegenheit fiel mir ein, dass ich Herrn und Frau Krause noch nicht erzählt hatte, wer ich sei! Ich sagte ihnen, dass ich nicht August Schneider sei und gab meinen richtigen Namen an. „Oh, wenn wir das gewusst hätten, dann hätten wir Sie ja bestimmt in jeder Weise unterstützt. Nein, das habe ich nie vermutet, dass Sie Jude sind - wo wollen Sie denn nun hin?" Ich sagte, ich hätte versucht, jeden Tag mit der Bahn nach Hause zu kommen, aber vergebens, nun wolle ich per Fahrrad dorthin gelangen. Herr Krause riet

----

60) Der Passierschein der Militärregierung Wedding, der sich erhalten hat, trägt das Datum 31. Juli 1945.

mir ab: „Heute ist es nicht einfach, vorwärts zu kommen, denn überall gibt es Militär und Flüchtlinge, die sich nach Hause oder zu Verwandten durchzuschlagen versuchen. Hinzu kommt noch, dass die Leute auf dem Lande Angst haben und überlaufen werden." Ich ging von meinem Vorsatz natürlich nicht ab. Bevor ich von Glindow fortfuhr, ging ich auch noch zu dem Bauern Malow, gab mich zu erkennen und verabschiedete mich.

Nun fuhr ich zuerst nach Brandenburg, Richtung Magdeburg, überall viele Flüchtlinge. In Brandenburg sah es böse aus - in den Fabriken wurde alles abmontiert und per Lastwagen fortgefahren. Als ich Brandenburg wieder verlassen hatte und in Richtung Magdeburg fuhr, gab es Straßensperren durch russisches Militär. Die Einwohner eines ganzen Dorfes standen vor den Türen. Ein Mann riet mir, dass ich durch einen Garten laufen sollte, dann käme ich wieder auf die Straße, die nach Magdeburg führe. Gesagt und getan. Als ich ein Stück des Weges war, nahm mir ein Russe mein Rad fort. Da ging ich wieder zum Dorf zurück und bat einen russischen Offizier, ob er mir nicht helfen könnte, mein Rad wieder zu bekommen. „Du musst zur Kommandantur gehen in der nächsten Straße." Ich ging dorthin und brachte mein Anliegen vor: „Wir nicht zuständig - andere Kommandantur!" Nun ging es wieder zurück, da traf ich den Mann wieder, der mir geraten hatte, durch den Garten zu gehen. Ich erzählte ihm, dass die Russen mir mein Rad weggenommen hätten. Er sagte, er hätte es von weitem gesehen, das Rad befände sich dort drüben

an der Häusermauer. Ich ging hin, nahm mir mein Rad
wieder und fuhr denselben Weg wieder weiter. Als ich
ein Stück gefahren war, kam ein Trupp Soldaten daher.
Ich musste absteigen. Dann fragten sie mich, wohin ich
wollte. „Nach Magdeburg!“ Ich musste mein Rad wieder abgeben. Jetzt kam ein Ochsengespann vorbei und
einer der Russen fasste mich an und setzte mich auf
den Karren. Der Bauer war sehr nett - er hatte alles mit
angesehen. „Es sind schlimme Zeiten jetzt - wo wollen
Sie hin?“ Ich erzählte ihm, dass ich nach Hause wollte.
„Oh weh! Wenn Sie dort man überhaupt hinkommen,
ich fahre bloß bis zum nächsten Dorf, dann müssen Sie
weitermarschieren. Unterkunft werden Sie nirgends bekommen, denn die Leute haben Angst und können die
Flüchtlinge nicht alle aufnehmen.“

Es wurde inzwischen dunkel, wo nun hin? Da traf
ich einen russischen Polizisten, GPU,[61] der nahm mich
mit - ich musste meinen Ausweis vorzeigen. Er war sehr
nett. Nun musste ich zu seinem Wohnsitz; es war eine
Villa. Dort war viel Leben - viele Russen und Frauen,
die Männer tranken und waren lustig, die Frauen waren
mit dem Auftragen des Essens beschäftigt. Der Polizist
sagte zu einer Frau: „Hier bringe ich dir einen Mann,
den musst du gut versorgen, Martha! Er bleibt heute
Nacht hier und in der Frühe will er weiter.“ Die Frau
nahm mich mit in die Küche und gab mir ein großes
Stück Fleisch. Die Leute mussten wohl grade ein Kalb

----

61) GPU – sowjetische Geheimpolizei.

geschlachtet haben, denn die Viertel des Tieres lagen auf den Tischen. Ich hatte Hunger und bekam auch noch eine große Karaffe mit frisch gemolkener Milch. Die Frauen waren mit der Aufteilung des Fleisches beschäftigt. Als ich mit dem Essen fertig war half ich den Frauen, das Fleisch durchzudrehen. In den anderen Zimmern war viel Lärm, es wurde viel Schnaps getrunken und gesungen. Die Frauen erzählten mir, sie wären Polinnen und hätten vorher auf den Gütern arbeiten müssen. Es wurde inzwischen Mitternacht, die Leute wurden ruhiger und alles ging schlafen. Eine Frau brachte mir eine Decke zum Zudecken, dann fragte sie mich: „Wann willst du geweckt werden?" Ich sagte ihr, sobald es hell ist, will ich verschwinden. Todmüde war ich, ich kam gleich in Schlaf. Punkt 5 Uhr weckte mich die Polin, gab mir Milch zu trinken und rundes Schwarzbrot mit viel Butter. Sie wünschte mir gute Reise. Die Frauen mussten hin, die Kühe zu melken, sie hatten in der Nähe viele Kühe, die von den Gütern stammten. Ich nahm meinen Rucksack und wanderte weiter.

Die Sonne kam so langsam auf, in den Straßen wurde es lebendiger, denn viel Militär und Flüchtlinge waren auf den Beinen. Als ich wohl sechs Stunden gelaufen war, kam ich an ein nettes Dorf. An einer großen Villa stand „Bauunternehmer" - der Name ist mir entfallen. Ich überlegte, ich konnte meine Sachen ja nicht alle tragen. So nahm ich mir den Mut und klingelte. Eine Frau kam an die Türe: „Was wünschen Sie?" Ich erzählte ihr, dass ich nach drüben wollte und meinen Koffer nicht

mehr tragen könnte, ob ich denselben dort lassen könnte. „Sicher können Sie das, wir haben viele Gepäckstücke
aufbewahrt von Leuten, wenn sie nach drüben wollten.
Dann kann mein Schwiegersohn Ihnen behilflich sein, der
wohnt ein Dorf weiter. Mein Sohn kann Sie dahin bringen. Sie müssen allerdings einen Feldweg nehmen." Ich
musste einige Zeit warten, denn der Sohn war erst nicht
zu Hause. Die Frau des Bauunternehmers war sehr nett
und gab mir eine Tasse Kaffee. Nach kurzer Zeit kam der
Sohn zurück und die Mutter gab ihm Instruktionen. Wir
zogen dann los ohne meine Handtasche. Zuerst die Straße
entlang, dann mussten wir in einen Feldweg einbiegen -
es war ein langer Feldweg und er nahm kein Ende.

Wir mochten wohl eine Stunde gegangen sein, da
kam uns ein Soldat der russischen Armee entgegen und
hielt uns an. Wohin wir wollten? Wir sagten ihm, dass
wir zu meinem Vater wollten. Dann fragte er: „Du Soldat?" - „Nein, nix Soldat!" Da fing er an, meinen Anzug abzutasten - von unten nach oben. Mit einem Male
merkte er, dass ich etwas Dickes in der Unterhose hatte.
Er schob die Hose hoch, nahm ein Messer, trennte die
Naht ab und siehe da - er nahm mein Geld und zählte es.
Es waren 14.000 Reichsmark in Hundertmarkscheinen.
Das war mein Geld, das ich mir in den drei Jahren verdient und gespart hatte. Ich bat ihn, mir doch das Geld
zu lassen - er zählte es und gab mir die Hälfte wieder, es
waren noch 7.000 Reichsmark, dann lief er weg! Ich war
fuchsteufelswild. Als wir weitergingen, kam uns ein russischer Offizier entgegen, dem erzählte ich von dem Sol-

daten. Er sagte: „Geh zur Kommandantur!" Wir zogen weiter. Mit einem Male kamen russische Reiter - einer sprang vom Pferd, hielt mich an, zog mir meine schönen Stiefel aus und gab mir seine langen Stiefel mit vielen Flicken. Ich zog sie an und konnte darin nicht laufen. Also zog ich sie wieder aus und lief barfuß weiter - ich hatte eine Wut wie nie zuvor.

Aber was half es! Heute weiß ich, dass die Frau des Bauunternehmers dabei mitspielte und es wohl häufig mit den Flüchtlingen so gemacht hat. Todmüde kamen wir bei den Verwandten des Jungen an, er wusste schon Bescheid. „Setzen Sie sich einmal, Sie können eine Milchsuppe mitessen, dann schlafen Sie sich mal erst aus. Morgen früh bring ich Sie an die Grenze, ich habe schon vielen hinübergeholfen." Es muss bei Wefensleben[62] gewesen sein. Morgens in aller Frühe weckte mich die Frau, ich zog mich schnell an, die Frau bereitete eine Milchsuppe, damit ich etwas Warmes zu mir nehmen konnte. Nach kurzer Zeit kam der Mann und hielt mir einen Vortrag, wie ich mich zu verhalten hätte. Ich sollte drei Schritte von ihm entfernt mit einer Rübenhacke durch das Dorf hinter ihm herlaufen. Ich verabschiedete mich von seiner Frau und da ging die Reise los.

Als wir morgens um 5 Uhr durch das Dorf zogen, ging die Sonne auf, es war ein herrlicher Tag, es war ein guter Fußmarsch. Als wir dann endlich zu einer An-höhe gekommen waren, zeigte der Mann mir aus weiter

---

62) Ort bei Marienborn, wenige Kilometer vor der Grenze zur Englischen Zone.

Ferne die Grenze - und die Posten, es waren drei Stück, die immer hin und her gingen. „Wenn die Posten zu den Wachhäusern gehen, dann müssen Sie langsam die Anhöhe herunterrutschen und so tun, als wenn Sie Rüben hacken wollten - aber immer auf den Posten sehen!" Der Mann verabschiedete sich und wünschte mir glückliche Reise. Zunächst legte ich mich auf der Anhöhe längere Zeit auf Lauer, um alles in der Umgebung genau kennen zu lernen - die Zeit verging. Aus weiter Ferne konnte ich beobachten, dass ein Gespann nahe der Grenze war - die Leute waren beschäftigt, Heu auseinanderzuwerfen. Als die Posten zum Wachhaus gingen, rutschte ich einige Meter hinunter und fing an zu hacken. Da plötzlich kam ein Auto mit vielen Offizieren vorbei - ich war natürlich sehr beschäftigt. Die Offiziere fuhren zu dem Wachhaus. Nun rutschte ich wieder einige Meter hinunter und so ging es weiter, bis ich auf den Weg kam. Dann ging ich zu dem Gespann, setzte mich auf den Wagen und fuhr bis zum großen Graben. Die Bauersleute riefen mir zu, was ich vorhätte. Ich rief ihnen zu: „Bis zum Graben!" Ich sprang vom Wagen und setzte mit einem Sprung über den Graben. Zu kurz – ich blieb mit einem Bein im Lehmschmutzwasser hängen. Die Posten hatten es bemerkt und fingen an zu schießen. Ich kroch hinter die dicken Weidenstämme, die an der Grabenseite standen, und war somit über die Grenze. Die Posten schossen noch eine Zeit weiter, aber ich war im Schutz der Weiden.

Nun kroch ich von einem Baum zum anderen bis zum nächsten Bauernhaus. Viele Leute und der Bauer hatten es beobachtet. Der Bauer nahm mich in Empfang, gratulierte mir und sagte: „Wie konnten Sie bloß bei Tage über die Grenze laufen. Die Leute gehen höchstens bei Nacht da hinüber." Dann nahm er mich an die Hand, brachte mich in die Küche und holte einen Bottich, dass ich mich waschen konnte. Auch bekam ich ein Stück Brot mit Auflage. Ich fragte den Bauern, wie weit ich hier vom nächsten Bahnhof entfernt sei. – „Etwa 20 Kilometer", sagte er, „da haben Sie noch eine ziemliche Ecke zu laufen!" Ich verabschiedete mich von den Leuten und zog los zur nächsten Bahnstation. Es war, glaube ich, Helmstedt. Todmüde kam ich dort an und es gelang mir, einen Zug nach Hannover zu bekommen. Inzwischen war es Abend geworden. Ich erkundigte mich am Bahnhof in Hannover, wo man bleiben könnte. Mir wurde gesagt, in einer Bunker-Unterkunft könnte ich nächtigen, das war mitten in der Stadt, aber es kann auch beim Bahnhof gewesen sein. Dort waren schon viele Flüchtlinge, ich legte mich gleich auf den Fußboden schlafen. Hannover war ebenfalls stark zerstört, viele Gebäude lagen in Trümmern.

Am nächsten Morgen ging ich zum Bahnhof und kaufte eine Fahrkarte nach Hamburg. Ich wusste, dass dort eine unserer langjährigen Mitarbeiterinnen lebte, unsere Haushälterin in Horsten, Fräulein Toni Brandt. Sie war zehn Jahre in Horsten beschäftigt gewesen - eine entzückende, sehr tatkräftige und schöne Frau. Als ich endlich dort hinkam, war sie so überrascht, dass sie fast zusammenbrach. Sie hatte nicht erwartet, dass irgendjemand von uns überlebt haben würde. Sie ließ mich hinein und war sehr freundlich zu mir. Ich hatte zuvor dort einiges Gepäck untergestellt und ich fragte sie, wo es wäre. – Es stellte sich heraus, dass sie es losgeschlagen hatten, weil sie nicht erwarteten, dass irgendjemand von uns überlebt hätte. So musste ich mit nichts auskommen – sie lieh mir ein Hemd ihres Ehemannes, und ich blieb bei ihr für ungefähr acht Tage. Dann nahm ich den Zug nach Wilhelmshaven. Geld hatte ich noch, weil der Russe mir ja die Hälfte zurückgegeben hatte.

16. Zurück in Wilhelmshaven

Als ich gegen Mittag in Wilhelmshaven [63] ankam, sah ich, dass die Stadt fast vollständig in Trümmern lag. Schnell ging ich zur Adalbertstraße und sah, dass unser altes Haus nicht länger existierte so wie das Admiralsgebäude[64] gegenüber - mir kamen die Tränen in die Augen, daran hatte ich nicht gedacht. Das einzige Haus, das übrig geblieben war, war das meines Bruders Kurt, ganz nah in der Viktoriastraße.[65] Das obere Stockwerk aber war zerstört. Dann erkannte mich jemand auf der Straße,

63) Robert de Taube fuhr spätestens am 14. September 1945 von Hannover nach Hamburg, am 24. September 1945 kam er nach Wilhelmshaven zurück. Auf dem Weg von Hamburg nach Wilhelmshaven machte er ein paar Tage Station in Bremen, um beim Oberfinanzpräsidenten Auskunft über die Aktenlage der Vermögensverhältnisse seiner Familie zu erhalten. Es wurde ihm gesagt, dass die Akten verbrannt seien.

64) Das Haus der Familie de Taube, Adalbertstraße 34, lag schräg gegenüber von diesem für die Offizierskaste in Wilhelmshaven zentralen Gebäude. Wegen seiner nach Prestige heischenden Architektur wurde es auch „Weißes Schloss" genannt, es ähnelte in der Architektur dem Schloss Babelsberg bei Potsdam. Im Oktober 1944 durch Bomben zerstört, wurden die Ruinen nach 1945 abgetragen.

65) Viktoriastraße 10; Kurt de Taube, geb. 1892, emigrierte 1940 nach Shanghai und lebte später in den USA, wo er 1981 starb.

ein örtlicher Autohändler, bei dem ich vor dem Krieg
eine Anzahl Autos gekauft hatte. Der Herr Köhler kam
direkt auf mich zu, begrüßte mich und sagte: „Du bleibst
direkt hier, und ich besorge dir etwas Wäsche und andere Sachen, so dass du es bequem hast." Er gab den Rat,
in Kurts Haus hineinzugehen - in dem Hause war Marine
einquartiert. Ich ging hinein, ein Obermaat fragte mich,

■ 33: Das zerstörte Stationsgebäude von Wilhelmshaven im Jahre
1944 oder 1945

was ich wollte. Ich sagte ihm, er möchte mir ein Zimmer
zur Verfügung stellen, denn das Haus gehöre meinem
Bruder. Der Obermaat rief die Standortverwaltung an,
ob ich ein Zimmer bekommen könnte - der vorgesetzte
Offizier erlaubte es. Herr Köhler brachte mir Bettwäsche,
so konnte ich dort zunächst wohnen. Er sagte, er sei sehr
glücklich, mich wieder zu sehen.

Am nächsten Tag meldete ich mich zum ersten Mal
nach zweieinhalb Jahren wieder offiziell an und wurde ein legaler Bürger in Wilhelmshaven. Ich ging zum

Wohnungsamt im Rathaus, auch sprach ich mit dem Bürgermeister Paffrath.[66] „Wilhelmshaven ist so zerstört, dass wir vorläufig keine Wohnung haben, auch können wir Ihnen jetzt nicht helfen." Dann sollte ich mich an die Organisation der politisch Verfolgten wenden, auch dort konnte man mir nicht helfen.

Die nächsten paar Tage waren bemerkenswert für die Tatsache, dass viele, viele Freunde und Bekannte allesamt kamen, um mich zu treffen. Es war überwältigend, in dieser Weise von ihnen empfangen zu werden – sie waren glücklich, mich zurück zu sehen. Sie alle erzählten mir, dass sie die Nazis gehasst, nichts mit ihnen zu tun gehabt und auch niemals an irgendeiner Verfolgungsmaßnahme teilgenommen hätten. Sie alle fühlten sich, wie wenn sie schon ein Bein in den Konzentrationslagern gehabt hätten. Sie fragten auch nach Ernst und Frau. Ich musste ihnen leider sagen, dass sie in Auschwitz umgekommen seien. Einer von ihnen war der Eigentümer von Dommeyers Hotel, der mich einlud, bei ihm im Hotel zu wohnen, und ich zog hinüber; sie waren sehr gastfreundlich zu mir.[67]

Der nächste Schritt war, mit der Planung für die Zukunft zu beginnen. Ich ging also zuerst zur Oldenburger

<hr>

66) Friedrich Paffrath (1996 – 1955); der SPD-Politiker und Gegner der Nationalsozialisten war 1929–1933 Oberbürgermeister von Rüstringen; zum 1. Juli 1945 wurde er als kommissarischer Oberbürgermeister eingesetzt und fungierte ab November 1945 als Oberstadtdirektor von Wilhelmshaven.

67) Dommeyers Hotel, Hindenburgstr. 19/21, heute Virchowstraße, das Gebäude steht nicht mehr.

Landesbank in Wilhelmshaven, wo wir immer sehr große Umsätze gehabt hatten, und fragte, wie viel Kredit ich habe könne. Herr Oetken und Herr Sjaucken gaben mir zur Antwort, dass ich bloß fünf Mille bekommen könnte. Ich sagte ihnen, dass das nicht sehr viel sei um zu investieren. Zuvor hätten wir Geschäfte im Ausmaß von Hunderten von Tausend Mark gemacht. Was hätte ich denn für Sicherheiten? Ich erwiderte den Herren: „Allein mein wunderschönes Gesicht!" – „Wir würden Ihnen ja mehr geben, aber die Engländer haben ihre Hand darauf." - Mit solch einer kleinen Summe konnte ich nichts anfangen. Gott sei Dank hatte ich ja noch das Geld, das ich in Berlin verdient hatte. Ich verzichtete auf ihr großzügiges Angebot und ging.

Am nächsten Tag versuchte ich es in der Kreissparkasse Wittmund bei Herrn Ronsky. Er hatte schon gehört, dass ich wieder da sei. „Wie viel brauchen Sie denn?" – „Mindestens 50.000 Mark." Er gab mir zu verstehen, dass ich in ein paar Tagen Nachricht bekäme, da er zunächst mit den Vorstandsmitgliedern sprechen müsste. Nach zwei Tagen rief er mich zurück, der Kredit sei vom Vorstand genehmigt. Ich könne die nächsten Tage kommen, um die Scheckbücher in Empfang zu nehmen.

Ich besuchte dann reihum meine verschiedenen Freunde und Bekanntschaften und kaufte Vieh – meine Aktivitäten für die nächsten paar Monate war Viehhandel. So bestritt ich meinen Lebensunterhalt. Auch wenn ich selbst kein Land hatte, war es doch möglich, Geschäfte mit dem Kauf und Verkauf von Vieh zu machen. Denn ich wusste von einigen Weiden, die meinem Bruder Ernst und mir gehörten, die uns vom Staat aber weggenommen worden waren. Dieses Land hatte er an andere Leute verpachtet. Ich ging zu einigen dieser Pächter - sie hatten alle schon gehört, dass ich noch am Leben war - und sagte: „Schaut her, ich bin wieder da. Habt ihr Platz für mein Vieh?" Und sie sagten: „Natürlich, wir sind sehr glücklich, dich zurück zu sehen", und ließen mich dieses Land für mein Vieh benutzen. Diese Leute ließen mich sofort und aus freiem Willen das Land zurückhaben. Sie holten, ohne groß zu fragen, ihr eigenes Vieh heraus, weshalb ich nicht vor Gericht ziehen musste, um den Fall durchzufechten. Aber sicher war ein Teil ihrer Bereitschaft, mir mein Land zurückzugeben, durch eine gewisse Menge an Angst veranlasst, was denn geschehen würde, wo jetzt der Krieg verloren war. Niemand wusste genau, was passieren würde. Ich ließ es mir von den Bauern schriftlich geben, dass sie einverstanden seien.

Um aber sicherzugehen, fuhr ich zum Oberpräsidenten in Hannover, um unser Land zurück zu fordern, denn es war vollständig vom Staat verpachtet. Ich hatte Glück und wurde vorgelassen. Ich erzählte dem Herrn, dass einige der Leute, die es vom Staat gepachtet hatten, mir bereits erlaubt hatten, es zu nutzen. Er sagte: „Das ist fein, das ist in Ordnung." Ich bat ihn dann, die Weiden, die mir und meinem Bruder gehörten, wieder auf unseren Namen umzuschreiben. Er sagte: „Nun, dabei kann ich Ihnen nicht helfen. Wir werden neue Gesetze für solche Fälle benötigen. Es wird alles von der britischen Militärregierung geklärt werden." Ich erwiderte ihm, dass sie in der Nazizeit auch keine Gesetze gehabt hätten, in fünf Minuten hätten sie sich alles angeeignet: „In Wirklichkeit habt ihr ja alles gestohlen!" - „Ich gebe Ihnen recht, damals war es so, aber da Sie ja von den Bauern die Abtretung haben, ist Ihnen zumindest vorläufig geholfen. Die Überschreibung kommt später durch das Gericht, erst müssen die Gesetze abgewartet werden."

Das war erst der Anfang, unser Eigentum zurückzuholen. Nun wandte ich mich an Rechtsanwalt Dr. Schiff[68] in Oldenburg, der ab sofort alles zur Wiedererlangung unseres Eigentums in die Hand nahm und alle Schriftsätze an das Wiedergutmachungsgericht einreichte. Es fanden einige Monate und Jahre später viele Termine in Osnabrück, Oldenburg und Hannover statt. Vom Amtsgericht Wilhelmshaven wurden als Abwesenheitspfleger für meinen Bruder Ernst zunächst mein Onkel Salomon de Taube und mein Vater Samuel de Taube eingesetzt, später als Pfleger. Und dann hat man mir das Land wieder entzogen, da mittlerweile die Erben feststanden, so wurde es mir auf dem Amtsgericht Wilhelmshaven mit-

---

68) Der Rechtsanwalt und Notar Dr. Erich Schiff (1882 Elsfleth – 1970 Oldenburg) wurde von den Nationalsozialisten als (jüdischer) „Mischling 1. Grades" verfolgt und im Oktober 1944 in das Arbeitslager Lenne bei Holzminden verschleppt, konnte dann aber nach Oldenburg zurückkehren. Seine Kanzlei war in den Nachkriegsjahren mit vielen Verfahren im Kontext der Restitution jüdischen Eigentums befasst.

geteilt. Danach habe ich es als Miterbe für die Erben meines Onkels Salomon de Taube weiter bewirtschaftet. Von meinen Geschwistern erhielt ich sämtliche Vollmachten.

Das Horster Grashaus, also jetzt das Anwesen und das Land direkt herum, zurückzubekommen, war zunächst ein Gerichtskrieg, weil der Mann, der sich das unter den Nagel gerissen hatte, behauptete, er hätte es gekauft. Das war natürlich geschwindelt, weil wir gezwungen gewesen waren, es für praktisch nichts zu verkaufen.[69] Aber Mitte 1946 schließlich waren hier die Rechtsverhältnisse so abgeklärt, dass ich wieder auf dem Horster Grashaus als Pächter und Besitzer eingesetzt wurde.

Die vollständigen Eigentumsverhältnisse des Gutes und der verschiedenen Ländereien waren aber erst 1954 endgültig geregelt, als die Grundstücke in den offiziellen Grundbüchern auf unsere Namen zurück übertragen

69) Gemeint ist Erich Reents (1903 - 1968). Reents trat am 1. Februar 1931 in die NSDAP ein, ab 1933 übte er das Amt des Kreisbauernführers des Landkreises Wittmund aus. Von 1929 bis 1939 bewirtschaftete er den 43,5 Hektar großen landwirtschaftlichen Pachtbetrieb „Carolinenhof" in Neuharlingersiel/Seriem von Georg von Eucken-Addenhausen. Reents bezog im Oktober 1939 mit seiner Familie das Horster Grashaus, das von der Hannoverschen Siedlungsgesellschaft veräußert wurde, in der Größe von rund 72 Hektar. Weitere rund 81 Hektar wurden in Teilgrundstücken von der Siedlungsgesellschaft an 25 Landwirte aus dem Raum Horsten zur Aufstockung ihrer Betriebe vergeben. Als politischer Leiter der NSDAP kam Reents von Mai 1945 bis Ende 1947 in britische Internierung. Der juristische Streit mit Robert de Taube um den Wertausgleich für das tote und lebendige Inventar auf dem Horster Grashaus zog sich bis Ende 1966 hin. (vgl. Reents)

wurden, nachdem mein Vater Samuel 1949 gestorben
war. Laut Testament meines Vaters von 1947 erhielt ich
das Restgut „Horster Grashaus“ von 71,5 Hektar, die
restlichen 80 Hektar sind auf meine fünf Geschwister
übertragen worden. Bis 1973 habe ich das gesamte Gut
bewirtschaftet.

17. Intermezzo auf dem Grashaus

Zurück in das Jahr 1945: Nach dem Besuch in Hannover wandte ich mich erneut um Kredit an die Oldenburgische Landesbank, an den Direktor Oetken und an Herrn Sjaucken. Ich bekam dieselbe Antwort wie zuvor. Ich hatte auch nichts anderes von diesen Herren erwartet. Gott sei Dank hatte ich ja schon die Bestätigung von Herrn Ronsky, Kreissparkasse zu Wittmund. Sie erlaubten mir aber, dass ich mit Fräulein Heil in den Keller gehen konnte, um verschiedene Dokumente über unser Vermögen vor 1939 zu suchen.

Als wir nach einigen Stunden damit fertig waren, ließen mich Oetken und Sjaucken nochmals kommen. Sie gaben mir den Rat, ich solle doch gegenüber zur Militärregierung gehen, die könnte viel für mich tun, um meinen früheren Wohnsitz wieder zu bekommen. Also ging ich hinüber zur Militärregierung. Es empfing mich ein Herr Schmidt, der deutsch sprach. Ich glaube, er war dort als Dolmetscher und Ratgeber angestellt. Ich erzählte ihm, dass ich als Jude in der Kristallnacht durch 16 SA-Männer aus dem Gut Horster Grashaus herausgeholt und 1939 von dort als Pächter meines Vaters vertrieben wurde. Herr Schmidt sagte mir: „Gehen Sie zum Nebengebäude."

Dort empfingen mich zwei Offiziere, sie fragten, was ich denn wünsche. Ich erzählte Ihnen meine Geschichte. Sie sagten „Come on!" zu mir und nahmen mich mit in ein Auto. Aber um sicherzugehen, bat ich die Offiziere, zuvor zum Rechtsanwalt Dr. Arkenau zu fahren. Der Rechtsanwalt empfing die Herren und sagte ihnen, dass ich vor 1939 im Horster Grashaus gewohnt hatte und es der Wahr-

■ 34: Ausweis von Robert de Taube, ausgestellt am 25. Oktober 1945 mit Wohnsitz in Dommeyers Hotel

heit entspräche. Rechtsanwalt Arkenau gab mir den Rat, ruhig mitzufahren. Ich könnte nichts Besseres tun und die Herren könnten mir in jeder Weise beistehen. Es sei richtig, meinte Rechtsanwalt Arkenau, dass sie bei mir waren. Das kann auch ich zu jeder Zeit bestätigen. Die Herren Offiziere, deren Namen ich nicht weiß, fuhren mich direkt zum Gemeindevorsteher in Horsten, Herrn Eden, der mich natürlich kannte, und fragten ihn, ob es richtig sei, dass ich vor 1939 dort gewohnt hätte. Herr Eden erzählte ihnen, unter welchen Umständen ich damals herausgeholt worden sei. Die Herren gaben dem Gemeindevorsteher die Anweisung, dass ich auf dem Horster Grashaus eingewiesen würde.

Herr Eden telefonierte mit dem Kreisamt Wittmund und gab dann die Einweisung. Ich glaube, dass Herr Eden danach selbst mit zum Grashaus fuhr. Der Verwalter Rohlfs zeigte uns alles und Frau Reents und ihre Kinder verließen anschließend sofort freiwillig das Horster Grashaus. Einige Tage später fuhr ich zur Besichtigung mit Hilke Platte, jetzt Frau Thesing, erneut zum Horster Grashaus.[70] Sie hatte ich eines Tages in der Marktstraße in Wilhelmshaven, wo ich Besorgungen machte, wiedergetroffen. Hilke Thesing und ihre Nichte hatten mich zuerst erkannt. Die Freude war natürlich groß. Sie erzählte mir, dass sie nach den 15 Jahren als Wirtschafterin bei meinem Bruder Kurt einen Gastwirt namens Thesing geheiratet hätte, der nun auch verstorben und ausgebombt sei.

„Oh, Herr de Taube, was haben Sie vor, wollen Sie wieder zum Grashaus?" fragte sie. Ich sagte ja, ich hätte die Einweisung durch den Gemeindevorsteher erhalten. Ich fragte: „Wollen Sie mit?" - Sie: „Aber sicher, sofort." Ich erzählte ihr, dass ich keine Einrichtung und kein Haushaltsgeschirr hätte. „Oh, damit kann ich Ihnen helfen, ich habe noch einige Sachen von unserem ehelichen Haushalt und etwas von meinen Eltern, die ich ausgelagert habe in Fedderwardergroden."

----

70) Hilke Thesing geb. Platte (1884 – 1963).

Am Tag nach dem Gespräch fuhren wir zum Horster Grashaus und sahen uns die jetzt leere Wohnung an. Verwalter Rohlfs führte uns überall hin und gab mir Auskunft. Wir fuhren wieder nach Wilhelmshaven zurück. Nun vergingen wieder einige Wochen. Ich fuhr fort, mir Weidevieh zu kaufen, um die zurückgegebenen Weiden zu besetzen, die eigentlich mir und meinen Brüdern gehörten. Das aufgekaufte Vieh lud ich auf den Viehtransportwagen eines Unternehmers, fuhr damit durch die Dörfer und sah zu, wo noch Platz war in den Ställen der Bauern. Überall, wo ein Platz frei war, setzte ich die Tiere in den Stall. Die Bauern fragten: „Was soll das bedeuten?" Ich sagte ihnen: „Es ist eine Wiedergutmachung. Ihr sollt mir die Kühe füttern, ich bezahle euch dafür anständig mit Futtergeld." Die Bauern waren alle damit einverstanden. So vergingen wieder verschiedene Wochen. Rechtsanwalt Schiff in Oldenburg war auch nicht untätig gewesen und hatte sich an die Behörden gewandt. Darauf bekam ich über das Kreisamt ein offizielles Schreiben der Militärregierung, dass ich wieder zum Horster Grashaus als Treuhänder der Familie Samuel de Taube gehen könne.

Mit der Bestallungsurkunde der Gemeinde Horsten fuhr ich schließlich mit Frau Thesing nach Horsten. Wir hatten die nötigen Haushaltsgeräte mitgenommen. Frau Reents und Verwandte hatten alle Einrichtungen, die ihr gehörten, mitgenommen, so dass ich bloß ein Bett und einen Stuhl vorfand, welches von der Gemeinde angeordnet worden war. Frau Thesing sah das leere Haus, sagte, dass sie später wieder käme, und fuhr wieder nach Wilhelmshaven. Den nächsten Tag kam sie mit einigen Möbelstücken zurück. Wir hatten uns das Notwendigste eingerichtet und so vergingen einige Tage und Wochen. Ich kümmerte mich um die Landwirtschaft.

Die Ländereien waren in einem trostlosen Zustand.[71] Frau Thesing übernahm die Küche und musste mit dem Wenigen den Haushalt führen. Als wir schon einige Zeit dort waren, kam ein Sergeant von Wittmund und sagte zu mir: „It is wrong, you must go away." Das geschah wohl auf Veranlassung des dortigen Kommandeurs. Reents hatte sich dort wohl als Jude ausgegeben. Leider war ich so dumm, dass ich wieder fortging, Frau Thesing war damit gar nicht einverstanden. Als ich wieder in Wilhelmshaven war, musste ich nach Wittmund kommen. Es gab dort eine Verhandlung. Zugegen waren Major Wood, der Chef der Militärregierung, und mehrere Herren vom Kreisamt. Major Wood schimpfte auf Englisch. Alles konnte ich nicht verstehen. Nur dass er sagte: „I am the commander of Wittmund". Und ich sagte: „Ich bin der Kommandeur vom Horster Grashaus gewesen." Ich hörte, wie er sagte: „Arrest him!", aber ich glaube, er sah seinen Irrtum schnell ein. Auch Herr Roller war zugegen, der beim Kreisamt angestellt war. Sie ließen mich laufen, worauf ich wieder nach

---

71) Auf dem vormaligen Mustergut waren inzwischen die Entwässerungsgräben so verlandet, dass die Nutzbarkeit der Weiden für die Fleischproduktion eingeschränkt war. Auf dem Ackerland hatten sich Disteln breit gemacht, die Gerätschaften waren in einem schlechten Zustand.

Wilhelmshaven fuhr.[72] Ich besorgte mir von der Stadt eine Bescheinigung, dass ich mit Vieh und Pferden handeln durfte, denn ich musste ja etwas verdienen.

---

72) Der Eklat in Wittmund mit der Zurückweisung aus dem Grashaus ereignete sich Mitte Januar 1946. Robert de Taube musste es auf Drängen der Bauernschaft des Landkreises wegen der Notwendigkeit, Frau Reents und ihren Kindern eine Unterkunft zur Verfügung zu stellen, verlassen. Für Fälle wie diese gab es noch keine von der Militärregierung erlassenen Bestimmungen. Dadurch sollte bis zu einer administrativ korrekten Regelung der vorherige Status wieder hergestellt werden. Robert de Taube vermutete in Schreiben an seine Verwandten in England in Major Wood einen Antisemiten und wies auf die NS-Vergangenheit der Funktionäre der Bauernschaft hin. Die Verwandten rieten zur taktischen Mäßigung. Robert de Taube war nach den monatelangen, vergeblichen Versuchen, das geraubte familiäre Eigentum wieder unter Kontrolle zu bekommen, zeitweise mit seinen Nerven am Ende. Wood wird als ehemaliger Kolonialoffizier mit Indienerfahrung und entsprechendem Habitus (Bärtchen, Schaftstiefel, Reitgerte) beschrieben.

18. Endgültig zurück auf dem Grashaus

Herr Cohen, Annenstraße 14, drängte mich, bei ihm zu wohnen. Gern tat ich es nicht, da ich wusste, dass er kein aufrichtiger Mensch war.[73] Es blieb mir aber nichts anderes übrig. Frau und Töchter waren sehr nett zu mir und sorgten für mein persönliches Wohl. Herr Cohen erzählte mir, dass er bei verschiedenen Leuten eingeladen wäre, bei denen auch oft die Stadtväter verkehrten. Ich glaube, er hat den Leuten wohl oft mit Fleisch und sonstigen Lebensmitteln ausgeholfen. Auch verkehrten bei ihm einige Militär-Leute, die ich aber nicht zu sehen bekam. Vielleicht waren es Freunde seiner Tochter. Da ich in ländlichen Kreisen sehr beliebt war, war es mir schnell möglich, mit den Landwirten Kontakt aufzunehmen. Zunächst nahm Herr Cohen mir die gekauften Tiere ab. Da ich noch nicht genug Weiden hatte, er früher wiedergekommen war und zu den Händlerkrei-

73) Leser Cohen, geboren in Neustadtgödens, war im April 1945 als Häftling des Konzentrationslagers Westerbork, Niederlande, von den alliierten Truppen befreit worden und hatte Ende 1945 das Haus seines in Sobibor ermordeten Bruders Bernhard Cohen in der Annenstraße 14, das die NSDAP Wilhelmshaven beschlagnahmt hatte, zurückbekommen.

sen und Schlachtern mehr Beziehungen hatte, war das natürlich.

Nachdem ich wieder einige Monate dort gewohnt hatte, bekam ich ein Schreiben von der Militärregierung Aurich, dass ich dorthin kommen solle. Ein höherer Offizier empfing mich und fragte, ob ich wieder zum Horster Grashaus wolle. Ich sagte: „Ja, sofort, wenn ich dorthin kommen könne." Ich bekam dann eine Einweisung.[74] Ich habe eine Abschrift zu meinen Geschwistern nach England und Amerika gesandt. Ich bekam die Verwaltung des Gutes zurück, musste eine Aufstellung über den Bestand machen, die ich mit dem Verwalter Rohlfs aufstellte, und diese an die Militärregierung nach Aurich schicken. Ferner hatte ich die Auflage, regelmäßig schriftliche Berichte über den Zustand, den ich dort vorgefunden hatte, an die Militärregierung zu senden. Ich habe noch einige Abschriften davon. Nach längerer Zeit bekam ich Besuch auf dem Horster Grashaus von Herrn Roller vom Kreisamt in Wittmund und zwei Offizieren. Der eine Herr war Mr. Unwin und der andere Offizier hieß ungefähr "Tramper". Sie sagten mir, ich bräuchte ab sofort keine Berichte mehr an die Militärregierung in Aurich zu erstellen. Während der Zeit, die ich vom

74) Zum 6. Juni 1946 konnte Robert de Taube die Bewirtschaftung des Horster Grashauses als von der Militärregierung bestellter Treuhänder bis zur rechtlichen Klärung der Eigentumsverhältnisse übernehmen. Vorangegangen waren intensive Bemühungen Robert de Taubes und Interventionen des in England lebenden Schwagers Robert Pohl im Interesse des bei ihm lebenden Vaters Samuel de Taube, der der nominelle Eigentümer der Ländereien war.

Horster Grashaus fort musste, sind Vieh und Pferde verschwunden. Das habe ich der Militärregierung mitgeteilt.

Ich lernte durch einen Bekannten einen Herrn kennen mit Namen Karl Awe, der für mich die Briefe und Berichte an die Militärregierung ins Englische übersetzte. Herr Awe hat einen großen Anteil zur Feststellung unseres früheren Vermögens beigetragen. Es kam mir allerdings irgendwie so vor, als ob er sämtlichen Rechtsanwälten, die an der Wiedergutmachung beteiligt waren, die falschen und die richtigen Bälle so zugeworfen hat, dass sich die Prozesse schön lange hinziehen konnten. Er war kein Dummer und hat mir auch bei der Buchhaltung geholfen, als Frau Thesing und ich wieder voll tätig waren auf dem Horster Grashaus, um einmal Ordnung zu bekommen auf den Ländereien und im Viehstall.

Mein alter Arbeiter, Harm Eilers, Sanderahm, hat ebenfalls viel zur Ordnung beigetragen. Eilers war vor 1939 schon lange bei mir und meinem Bruder Ernst tätig gewesen. Die Flüchtlingsfamilie Finke, die dort auch anwesend war, hat ebenfalls viel dabei mitgewirkt, dass wir das Horster Grashaus nach einigen Jahren wieder in den Zustand bekamen wie vor dem Krieg. Vorübergehend beschäftigte ich auch ca. 20 - 25 Flüchtlinge aus Schlesien, die hier im Dorfe ansässig geworden waren. Auch ihnen bin ich zu Dank verpflichtet. Es war eine schlimme Zeit. Die Leute freuten sich, dass sie arbeiten konnten und vor allen Dingen etwas zu essen bekamen, denn es war nichts vorhanden. Ich versuchte immer, von den Bauern aus der Umgebung etwas an Lebensmitteln zu bekommen. Frau Finke und Frau Thesing kochten dann in großen Töpfen nahrhafte Suppen.

Ich bekam durch Zufall einen Schäferhund, der fünf Jahre alt war, Rolle hieß er. Ein Mariner aus Fedderwardergroden verkaufte ihn mir. Er sagte mir, der Hund wäre dressiert und ein guter Wachhund. Und in der Tat, ich konnte bald feststellen, dass der vorherige Besitzer die Wahrheit gesagt hatte. Als ich vier Wochen auf dem Gut war, bellte der Hund eines Nachts sehr heftig und konnte sich nicht beruhigen. Ich stand sofort auf, machte die Scheunentür auf und, siehe da, da standen Lastwagen. Mehrere Leute hatten die Milchkühe aus den hinteren Weiden geholt und wollten sie gerade aufladen. Sofort ließ ich Rolle laufen und weckte meine Leute. Die Diebe, es müssen Polen gewesen sein, sprangen auf ihre Wagen und fuhren davon. Ich fuhr hinter ihnen her, bis Neustadtgödens. Sicherlich steckten hiesige Leute mit ihnen unter einer Decke. Ich

■ 35: Robert de Taube mit seinem Vater Samuel de Taube im Garten des Grashauses, Juli 1948

wandte mich an den Wachtmeister in Neustadtgödens
und holte ihn aus dem Bett. „Da können wir nichts machen," sagte er, „denn diese Leute sind bewaffnet." Ich
fuhr wieder nach Hause. Der Hund hatte sich bewährt,
indem er die Viehherde gerettet hatte.

Ich gab eine Zeitungsannonce auf, dass ich eine
Wirtschafterin suchte. Es meldeten sich verschiedene,
aber die meisten waren zu alt oder wollten nette Tage
bei mir verleben. Eines Tages meldete sich eine Frau
Broers, geb. Rothenburg, aus Astederfeld bei Friedeburg,
die ihren Mann im Krieg verloren hatte. „Ich habe wohl
Lust bei ihnen anzufangen in der Landwirtschaft. Meine
Großmutter kennen Sie doch in Astederfeld?" - „Ja, die
kenne ich, denn ich habe vor dem Krieg oft Vieh von
ihr bekommen." Frau Broers erwähnte, dass sie früher
beim BDM war, aber heute belehrt sei. Frau Thesing, die
zugehört hatte, sagte zu mir, wenn sie die Eltern und
die Großmutter kennen, dann nehmen Sie sie doch. Also
tat ich es: „Nächste Woche können Sie anfangen." Inzwischen kam die Großmutter und sagte mir noch: „Die
Kräftigste ist sie nicht, darum soll sie auch nicht so viel
verdienen."[75] Frau Broers ist dann 27 Jahre bei mir gewesen und verstand es, sich bei den Leuten auf dem Gut
und durch Umsichtigkeit beliebt zu machen. In Haushalt und Garten wusste sie sehr gut Bescheid. Wenn ich

75) Olga Broers wurde im Juni 1946 eingestellt. Der Bund
Deutscher Mädel (BDM) war in der Zeit des Nationalsozialismus der weibliche Zweig der Hitlerjugend (HJ). Darin waren
im Sinne der totalitären Ziele des NS-Regimes fast alle Mädchen im Alter von 14 bis 18 Jahren organisiert.

auf Reisen war, oft zu den Wiedergutmachungsämtern, nach Oldenburg, Osnabrück und zu den Rechtsanwälten, und nach Köln zum Viehhof, dann vertrat sie mich. Ich konnte mich immer auf sie verlassen. Im Jahre 1946, als ich wieder auf dem Horster Grashaus war, nahm ich außerdem zwei Jungen aus der Familie Alfred Weinberg als Gehilfen an. Die Kinder waren sichtbar unterernährt, denn der Vater war auch ein Glaubensgenosse, er war auch in einem Lager gewesen. Die Frau war arisch, das Ehepaar hatte sieben Kinder.

19. Eine gräfliche Bitte, die Rückkehr der Eltern und der Pogrom-Prozess von 1949

Eines Tages kam der Sohn des Grafen von Wedel von Schloss Gödens zu mir und bat mich um eine Unterschrift, dass sein Vater kein Nazi gewesen sei. Sein Vater befinde sich noch in Haft auf einer Nordseeinsel.[76] „Leider kann ich Ihnen keine Unterschrift geben, denn Ihr Vater war zu dumm: Er hat uns seinerzeit die Pachtung in Schlepens, die wir von der Familie von Wedel 40 Jahre lang hatten, fortgenommen, bloß weil wir Juden waren." Auch wollte sein Vater uns die Pachtung von Sanderahm fortnehmen, Land, das aber glücklicherweise seinem Onkel, Gesandter von Wien, gehörte. Dieser Herr Graf von Wedel sagte damals zu seinem Neffen: „Nein, mein Junge, das passiert nicht, die Familie de Taube hat vor 40 Jahren gepachtet und immer ihre Pacht bezahlt und auch die Söhne sind den Verpflichtungen immer

---

76) Haro Burchard Graf von Wedel (1891 – 1966) trat am 10. Februar 1932 in die NSDAP ein und leitete die am 12. Februar 1932 gegründete Ortsgruppe der NSDAP Gödens-Neustadtgödens bis 1937. Er befand sich als ehemaliger politischer Leiter von Mai 1945 bis Mitte 1946 in britischer Internierung.

nachgekommen. Herr de Taube hat vor 40 Jahren das Land, als wir es nicht recht los werden konnten, gepachtet und hat das Ackerland in gute Weiden verwandelt. Nun soll ich so schlecht sein, die Pachtung abzunehmen, weil sie Juden sind? Das passiert nicht. Wenn der Herr de Taube die Pachtung nicht mehr behalten will, dann ist es etwas anderes". Das sagte der alte Herr. Die alten Herren von Wedel waren immer feine Leute gewesen. Der Rentmeister Bruns kam häufig, wenn er mit seinem Geld nicht auskam, damit wir die Pacht im Voraus bezahlen möchten. Es haben dann wohl andere unterschrieben, so dass der junge Graf von Wedel frei kam. Es ist mir heute noch ein Rätsel, dass gerade in Neustadtgödens so viele Nazis waren, wo doch die Juden mit den Leuten so gut ausgekommen sind und so viel für die ärmere Bevölkerung getan haben.

In September 1947 kamen meine Eltern wieder zurück aus England, die mein Schwager Robert Pohl durch die schlimmen Jahre gebracht hatte. Sie waren seinerzeit im September 1939 mit zehn Mark in der Tasche aus Wilhelmshaven fortgegangen. Die Freude war natürlich groß, mich nach so langer Zeit wiederzusehen. Meine Eltern haben nur noch wenige gute Jahre auf dem Horster Grashaus verlebt. Die Mutter starb 1948 im 87. und der Vater 1949 im 94. Lebensjahr – ein gesegnetes Alter. Vater hatte zuletzt noch eine Krankenschwester als Pflegerin. Einmal ließ er mich mittags kommen und sagte zu mir: „ Du musst jetzt häufiger zu mir kommen, denn ich merke, meine Zeit ist bald abgelaufen. Ich weiß, dass das Grashaus bei dir in guten Händen ist." Um halb zehn Uhr abends rief mich die Pflegerin: „Herr de Taube, kommen Sie schnell, ihr Vater ist umgefallen." Wir riefen sofort den Arzt, aber es war zu spät. Es mag wohl eine Vorahnung des Todes gewesen sein, als er mich mittags kommen ließ. Meine Eltern sind in Neustadtgödens auf dem jüdischen Friedhof zur Ruhe gebettet worden. Die Anteilnahme an der Beerdigung war groß, da mein Vater sehr bekannt war in der weiten Umgebung. Da kein Rabbiner zugegen war, übernahm der evangelische Pastor Lilge im Hause Horster Grashaus die Totenehre und Ansprache. Leider ist Pastor Lilge nicht lange hier in Horsten geblieben. Wie ich in Erfahrung gebracht habe, musste er Horsten verlassen. Angeblich, weil seine Frau eine Sau zum Eber in den kirchlichen Stunden gebracht hat. Ich glaube aber auch, dass die Horster es dem Pastor übel genommen haben, dass er auf dem Horster Grashaus gesprochen hat.

In Neustadtgödens, in der Wirtschaft von Borchers, kam 1949 das Gericht zusammen, um die Leute zu vernehmen, die seinerzeit 1938 in der Kristallnacht mich und meinen Vater nachts herausgeholt hatten.[77] Das Gericht wollte sich anscheinend überzeugen, ob es wohl stimmte. Der Amtsrichter fragte mich, ob ich Wert dar-

77) Ermittlungen zu den antijüdischen Ausschreitungen von 1938 im Landkreis Wittmund nahm die zuständige Staatsanwaltschaft erst im Oktober 1946 auf, nachdem Robert de Taube am 20. Juli 1946 eine Anzeige bei der britischen Militärregierung in Hannover aufgegeben hatte. Offenbar hatte das bereits im September 1945 mit einer entsprechenden Bestandsaufnahme für den Regierungspräsidenten beauftragte Landratsamt Wittmund bisher keine konkreten Ergebnisse zugeliefert. Über die sog. „Aufholaktion gegen die Juden" vom 10./11. Nov. 1938 in Neustadtgödens und beim Horster Grashaus fand schließlich 1949 vor dem Landgericht Aurich, das im Wittmunder Hotel „Bremer Schlüssel" tagte, aber Vernehmungen der Angeklagten und Zeugen in der Gastwirtschaft "Borchers" in Neustadtgödens durchführte, ein nur wenige Verhandlungstage dauernder Prozess statt.

auf legte, dass die Leute streng bestraft würden. Ich sagte: „Verdient hätten sie es." Aber da ich hier weiter leben müsste, bat ich den Amtsrichter, die Strafen nicht zu hoch zu legen. Also bekamen die Leute ein halbes Jahr mit Bewährung.[78] Das Gericht kam, glaube ich, von Aurich. Mein Vater war da schon sehr krank und hat seine Aussage schriftlich gemacht.

In diesen Jahren bekam ich Besuch von zwei Rabbinern aus Palästina, die mir sagten, ich könnte mich dort in einem Kibbuz melden, sie hätten nicht die Absicht zu schnorren. Ich sagte ihnen, dass meine Heimat hier, wo ich geboren bin, sei und meine Geschwister in den in USA und England lebten.

....

78) Das Strafmaß lag zwischen neun Monaten und sechs Wochen. Die Geringfügigkeit der Strafen lag nicht an der Bitte Robert de Taubes, sondern war typisch für solche Prozesse in der Bundesrepublik Deutschland dieser Jahre. Das Gericht würdigte in seinem Urteil das Verhalten von Robert de Taube folgendermaßen: „Dieser Zeuge hat sich, obwohl er zu den durch die Vorgänge Geschädigten gehört und deshalb allen Anlass zu Groll und Bitterkeit gegen die Angeklagten hat, als sehr maßvoll und vorsichtig erwiesen." (Urteil v. 6.10.1949, S. 44)

20. Nachkriegswirren

Bei einer Weide in Sande, in deren Nähe während meiner Abwesenheit ein Polenlager errichtet worden war und angrenzend der Landwirt Wilken wohnte, der mir die Weide zurückgegeben hatte, war fast jeden Tag etwas los. Dort liefen Vieh und Pferde und die Weide war ursprünglich eingezäunt. Aber die Pfähle, die aus Holz bestanden, verfeuerten oft die Leute im Polenlager und sie machten große Löcher in die Weiden, um vom Dark Torf zu graben. Es war sehr schwer, die Leute zu veranlassen, es nicht zu tun. Die Not war eben zu groß nach dem Kriege. So musste ich Zementpfähle einsetzen.[79]

Aber es sollte noch interessanter kommen. Eines Morgens fuhr ich zur Weide nach Kehlköppen, um nach dem Vieh zu sehen, und siehe da, sämtliches Vieh, 18 Stück, war verschwunden. Über Herrn Evers, Wilhelms-

----

79) In den massiven Gebäuden des Wohnlagers Sande-Neufeld (Neufeld II) waren von Ende 1945 bis Oktober 1948 zahlreiche polnische DPs untergebracht, die von internationalen Hilfsorganisationen verpflegt wurden. Das Lager unterstand der britischen Militärverwaltung und nicht den deutschen Behörden, so dass die Befugnisse der deutschen Polizei beschränkt waren. Die einheimische Bevölkerung brachte fast jede Straftat der Umgebung mit den Lagerbewohnern in Verbindung. Dasselbe galt für das DP-Lager Marx.

haven, hatte ich glücklicherweise gerade einen Wagen von Herrn von Münster in Roffhausen gekauft. Derselbe hatte ihn unter Stroh versteckt gehabt während des Krieges. Nun war ich mit diesem Auto auf der Suche nach meinem verlorenen Vieh, mehrere Tage lang habe ich die ganze Umgebung abgesucht, aber nichts gefunden. Dann kam hinzu, dass mein Benzin zur Neige ging. Ich hörte, in Wilhelmshaven könnte man Benzin bekommen, natürlich nur hinten herum. Bei Fischers Tankstelle bat ich den Eigentümer um Benzin. „Ich darf Ihnen kein Benzin geben, mein lieber Herr de Taube. Sie

■ 37: Personalausweis von Robert de Taube, ausgestellt am 28. Mai 1952 (Ausschnitt)

sehen schlecht aus, fehlt ihnen etwas?" – „ Ja, mir sind 18 Rinder und Kühe verschwunden und ich weiß nicht, wo ich sie suchen soll." Herr Fischer sagte mir: „Das ist ja toll! Wissen Sie was, fahren Sie so schnell Sie können zu dem Polenlager in Marx, ich glaube, Sie finden ihr Vieh wieder." - „Wie soll ich dahin kommen, wenn Sie mir kein Benzin geben können?" – „In diesem Falle bekommen Sie Benzin." Er gab mir welches - und nun mal los.

In Marx angekommen, ging ich zuerst zur Polizei. „Herr Wachtmeister, mir ist Vieh weggekommen aus den Sander Weiden." - „Ich habe keinen Dienst, Sie müssen mit Herrn Wachtmeister Scholmann zum Polenlager." Der wollte erst auch nicht: „Ich habe heute keinen Dienst“. Er ließ sich aber bereden und, als wir beim Polenlager ankamen, sagte er mir: „Bleiben Sie im Auto, ich kenne die Polen und werde sie fragen.“ Ich stieg aus meinem Auto heraus, ging in das Gebäude, das Mettcker gehörte und fragte, ob sie Vieh gesehen hätten, mir wäre Vieh in Sande fortgekommen. Der Mann war ganz nett: „Gestern Abend haben wir zwölf Rinder aufgestallt, die liefen hier herum.“ Der Mann war ein Lette, ein Flüchtling. „Wollen Sie sehen?“ Ich sagte ja. Als wir in den Stall kamen, sah ich sofort, dass es meine Tiere waren. Inzwischen kam der Wachtmeister aus dem Polenlager: „Dort ist nichts.“ Ich erzählte ihm, dass zwölf Tiere hier bei dem Letten auf dem Stall stehen. „Das ist ja schön, aber wo sind die anderen?“ Nun ging ich zur nächsten Wirtschaft und fragte dort. Sie müssen die Bauern in Marx fragen, vielleicht wissen die etwas. Nun fuhr ich zu den nächsten Bauern auf Hagelskampf. „Ja, wir haben Tiere laufen sehen, die müssen irgendwo in der Weide laufen.“ Der Wachtmeister hatte sich schon lange verabschiedet. Nun suchte ich weiter. Es wurde schon Nacht. An einem anderen Weg nach Bentstreeck fand ich die übrigen Tiere. Nun fuhr ich schnell nach Hause und weckte die jungen Leute. Dann fuhren wir mit Pferd und Wagen nach Marx und holten die Tiere ab. Es ist mir heute noch ein Rätsel, wie die Tiere den weiten Weg zurückgelegt haben, ohne dass ein Mensch sie gesehen hat. Ob es die Polen allein getan haben? Oder haben Leute von Sanderahm mitgespielt? Für mich war es besonders peinlich, da ich sechs Rinder davon für den

Sommer über in Weide genommen hatte und die Eigentümer erst glaubten, dass ich sie wohl verkauft hätte.

Eines Tages erhielt ich durch die Bauernschaft einen Wagen für den Betrieb, für 500,- Deutsche Mark, und außerdem ein Pferd gegen Bezahlung. Als das Pferd ein halbes Jahr bei uns gearbeitet hatte, kam eines Tages ein Landwirt Coldewey, Grünenkamp, und bat mich, ob ich ihm für einige Zeit das Pferd leihen könnte. Erst hatte ich Bedenken, da ich den Leuten schon ein Pferd verkauft hatte, das mir persönlich gehört hatte. Auf seine Bitten hin tat ich es dann doch. Es mögen wohl vier Wochen vergangen sein, da riefen mich eines Morgens Herr Coldewey und der Wachtmeister von Obenstrohe an, ob bei mir die Pferde wären, dieselben seien verschwunden. Ich traf mich mit dem Wachtmeister und erzählte ihm, dass ich sehr erstaunt sei, dass die beiden Pferde verschwunden seien. Sie sollten in Richtung Zetel gelaufen sein. Ich nahm sofort die Spuren auf und hörte in Marx, dass ein Pferd mit zwei weiteren Pferden gesehen worden sei in Richtung Bentstreek. Die Spuren konnten wir bis Oltmannsfehn verfolgen. Dort habe ich dann mit dem Wachtmeister weiter gesucht, leider vergebens. Ob es auch Polen waren oder hiesige Einwohner? Es können auch Nazis gewesen sein, die mit den Polen unter einer Decke steckten. Das muss dahingestellt bleiben. So bekam ich immer neue Aufregungen.

Ich musste häufig viel Weidevieh kaufen von den Bauern oder auf den Märkten Oldenburg, Lübeck, Lingen und von den Händlern, um unsere Weiden zu besetzen. Oft bemerkte ich, dass mich auf den Märkten Leute beobachteten, als wenn sie etwas feststellen wollten. Fotografiert haben sie mich häufig, ich hatte meinen Spaß daran. Ich nahm an, dass es Leute vom Finanzamt waren. Wer anders sollte Interesse haben? Vom Juli an fuhr ich oft nach Köln, Elberfeld oder Düsseldorf, um auf den Märkten das geweidete Fettvieh zu verkaufen, denn das brachte immer mehr, als die Tiere hier zu verkaufen. Die Kommissionäre mussten dann für Geld sorgen. Von verschiedenen Leuten erfuhr ich, dass verschiedene Händler aus Leer und anderen Städten Vieh auf meinen Namen verkauft haben, um das Finanzamt zu schädigen. Also musste ich solche Sachen aufmerksam verfolgen und ich legte besonders Wert darauf, dass alles, was ich verkaufte oder einkaufte, verbucht wurde. Wir pflanzten im Horster Grashaus auch allerlei Kartoffeln an, natürlich ohne Kunstdünger, da wir ja durch die große Viehhaltung viel Mist bekamen. Also annoncierten wir in örtlichen Zeitungen „Kartoffeln ohne Kunstdünger." Die Kartoffeln wurden wir reißend los. Aber natürlich kamen Schnüffler aus Wilhelmshaven. Ob es auch stimmte „ohne Kunstdünger." Oft brachten wir die Kartoffeln nach Wilhelmshaven zu den Leuten in den Keller. Maschinen haben wir nicht viele angeschafft. Wir arbeiteten noch mit Pferden. Lieber habe ich die Arbeiten von Unternehmern machen lassen, da das im Effekt preiswerter war und man immer Leute hatte. Maschinen sind viel zu teuer, sie stehen lange herum, fressen Zinsen und verrosten. Die meisten Landwirte haben sich dadurch verschuldet und mussten lange daran knabbern.

21. Wiedergutmachungsprozesse und Krankheiten

Seitdem ich wieder auf dem Horster Grashaus bin und heute auch noch, komme ich nicht aus den Aufregungen heraus. Schlaf kenne ich überhaupt nicht mehr seit meiner Verfolgungszeit und die Ärzte können mir nicht helfen. Ich habe wohl zu viel durchgemacht. Ich musste dauernd zu Verhandlungen auf den Gerichten und zu den Wiedergutmachungen nach Oldenburg und Osnabrück fahren. Der Grund dafür war, dass ich als Einziger der Familie hier zugegen war, genau Bescheid wusste und über die Verhältnisse des Vermögens der Familie de Taube Auskunft geben konnte. Bei den Behörden und bei den Erben nach Salomon de Taube musste ich natürlich auf die Fehler aufmerksam machen, die entstanden waren bei den Namen Samuel de Taube Erben und Salomon de Taube Erben. Die Brüder hatten verschiedenen Grundbesitz und waren geschäftlich nicht verbunden. Mein Vater hatte eines Tages meinem Onkel Salomon de Taube, als dessen Tochter heiratete, 20.000,- Goldmark gegeben. Diese wurden im Gegenzug auf seinem Grundstück für unsere Familie eingetragen. Mein Misstrauen gegenüber Rechtsanwälten und angeblichen Freunden ist geblieben und das werde ich wohl bis an mein Lebensende behalten.

■ 38: Robert de Taube mit seinem Auto vor dem Grashaus, ca. 1955

In Wilhelmshaven war ich als politischer Verfolgter anerkannt, und auch in Berlin. Ein Beamter der Stadt Wilhelmshaven sagte mir einmal, dass bestimmte Herren von der Stadt etwas Böses gegen mich im Schilde führten. Ich sagte ihnen, dass ich dagegen gewappnet sei, denn den Unbelehrbaren wäre nicht zu helfen und ich hätte ein reines Hemd an.

Von den Erben nach Salomon de Taube meldete sich zuerst eine Frau Fabian aus Zürich. Sie war nach Wilhelmshaven gekommen, rief mich an und sagte, sie sei eine Nichte von einer Tante aus Neustadtgödens, eine geborene Löwenstein. Frau Fabian meinte, ich könnte ihr die Pacht, die bis jetzt eingenommen worden war, bei ihrem Besuch in Wilhelmshaven auszahlen. Sie schlug mir vor, ihr die Hälfte zu geben - und die andere Hälfte könnte ich ja behalten. Ich erwiderte ihr, dass dieses nicht rechtens sei, denn die Erben standen seinerzeit ja noch nicht fest.

Im Laufe der Jahre sind 32 Erben in aller Herren Länder von dem Amtsgericht in Jever nach und nach ausfindig gemacht worden. Die Pacht habe ich bis 1976 an die Erben nach Abzug von 25 Prozent Steuern an das Finanzamt Wilhelmshaven erledigt. Ich war erst als Abwesenheitspfleger von dem Amtsgericht in Wilhelmshaven eingesetzt und dann als Pfleger. Später, als die Erben nach Salomon de Taube feststanden, wurde diese Aufgabe wieder aufgehoben. Als Miterbe habe ich bis zum heutigen Tag weitergemacht für die Familie Salomon de Taube Erben. Es sind 32 Erben geworden, da die Rechtsanwälte und die Kammer nach der Abstammung von Calmer de Taube und nach der Familie Löwenstein, mütterlicherseits, ausgegangen sind. Meines Dafürhaltens kann das nicht richtig gewesen sein, denn seinerzeit, als mein Onkel Salomon starb, lebten mein Vater und meine Tante Jette Stein aus Emden und vielleicht auch die Tante Betty Valk[80] aus Emden noch. Wenn die

....

80) Salomon de Taube wurde am 26. Okt. 1942 von Westerbork nach Auschwitz deportiert, seine Schwester Betti Valk geb. de Taube, starb am 28. Januar 1945 in Theresienstadt, die Schwester Jette Stein geb. de Taube lebte in Palästina.

Kammer diesen zeitlichen Erbansatz für richtig gehalten hat, musste er natürlich rechtens sein. Und somit hatte auch ich einverstanden zu sein.

Es kam in diesen Jahren oft vor, dass ich nachts nicht zum Schlafen kam, denn ich litt noch unter den Aufregungen, die ich während der Hitlerzeit in Sachsenhausen erlebt habe - und durch die illegale Zeit in Berlin. Auch heute bin ich nicht frei davon. Wegen eines Herzinfarkts musste ich mich Anfang 1956 in das St. Willehad-Krankenhaus in Wilhelmshaven begeben. Eines Nachts habe ich dort so sehr geschrien, dass die Nonnen und Schwestern kommen und mich wieder beruhigen mussten. Ich glaubte, dass mich Leute von dort wegschleppen wollten. Eines Nachts hat sich eine falsche Krankenschwester in mein Zimmer begeben und mir wohl eine Spritze gegeben. Diese Krankenschwester hat Herr Dr. Hein entlassen oder sie ist eine ganz Fremde gewesen. Diesem Arzt habe ich es zu verdanken, dass ich heute noch am Leben bin, denn er hat alles Mögliche mit mir aufgestellt. Allerdings hat er den Fehler gemacht, mich nach sechs Wochen Krankenhausaufenthalt in Wilhelmshaven ohne Begleitung per Eisenbahn zum Sanatorium in Baden-Baden zu schicken. In Bremen musste ich umsteigen und mir wurde so schwach, dass der Fahrdienstleiter mich auffing und in das Stationshäuschen brachte. Nach zwei Stunden wurde ich in den Zug nach Baden-Baden gesetzt, kam sehr krank dort im Hauptbahnhof an und ließ mich durch ein Taxi ins Sanatorium bringen.

Ich wurde sofort ins Bett gebracht, der Oberarzt kam, untersuchte mich und gab mir eine Spritze. Er forderte von mir die Papiere von Dr. Hein aus Wilhelmshaven. Als er meine Krankengeschichte gehört und gelesen hatte, war er erstaunt und fragte mich, wann waren Sie denn im St. Hildegard-Krankenhaus in Berlin? Ich sagte ihm, es sei Oktober 1941 gewesen. „Da werde ich mir die Papiere schicken lassen, denn ich war dort Chefarzt, Dr. Fähnrich, und nun bin ich hier. Wer war denn damals Arzt dort und von wem wurden Sie behandelt?" fragte er. Ich sagte ihm, es war ein Oberarzt. „Ja, das stimmt, ich war als Militärarzt eingezogen." Dr. Fähnrich gab sich sehr viel Mühe mit mir und tat alles Mögliche, um mich wieder einigermaßen gesund zu machen. Nach einigen Wochen ließ er mich kommen und sagte mir, dass er Nachricht bekommen hätte vom St. Hildegard-Krankenhaus aus Berlin und zeigte mir die Bestätigung. Es machte ihm angeblich Spaß, meine Lebensgeschichte zu hören. Als ich längere Zeit im Sanatorium war, bat ich ihn, er möge mich zum Hotel „Weißer Hirsch" entlassen und mich in ambulante Behandlung nehmen. Er war einverstanden. Das war für mich besser, denn so hatte ich doch etwas Abwechslung. Jeden Tag ging ich dann zum Sanatorium und merkte, dass sich mein Befinden langsam besserte, auch ging ich viel spazieren. Aber ich war noch immer sehr herunter und mir machte das Laufen noch Schwierigkeiten.

Nach acht Wochen, im März 1956, fuhr ich wieder zurück zum Horster Grashaus und konnte mich wieder um den Betrieb kümmern. Meine Leute hatten während meiner Abwesenheit alles gut in Ordnung gehalten, bis auf den Karpfenteich. Frau Broers erzählte, dass die Arbeiter vergessen hätten, Löcher in das Eis zu schlagen. Die Karpfen bekamen daher keinen Sauerstoff und gingen ein.

Ich bekam immer weiter viel Aufregung. Zum Beispiel gab es wieder TB-Untersuchungen beim Vieh, es reagierten wieder einige Tiere auf den Test und mussten deshalb verkauft werden. Eines Tages wurde ich zur Hefefabrik in Leer-Loga gerufen, wo ich Ochsen, Bullen und Rinder aufgestallt hatte. Als ich längere Zeit im Stall war, bekam ich wieder einen Herzinfarkt. Darauf wurde ich von Herrn Dr. Petersen behandelt. Er erkannte meine Krankheit und gab sich ebenfalls sehr viel Mühe, so dass ich nach einigen Wochen wieder zum Horster Grashaus zurück konnte.

22. Der Tod von Frau Broers

Als ich wieder zu Hause war, gab es bald wieder Aufregungen. Meine Wirtschafterin, Frau Broers, hatte sich plötzlich nach Bremen bei einem Kunsthändler als Haushälterin verdingt. Ich glaube, es war deshalb gekommen, weil ihre Freundin in Horsten sie aufgehetzt hat. Vielleicht gab es auch einen politischen Grund oder andere Ursachen. Vielleicht wollte sie auch nur einmal etwas anderes erleben. Ich war nun genötigt, mir eine neue Wirtschafterin zu suchen. Also gab ich eine Annonce auf. Es meldete sich ein junges Ehepaar aus Edewecht. Die jungen Leute gefielen mir und somit stellte ich sie ein. So konnte ich mir wieder helfen. Es kamen auch immer wieder neue Anforderungen auf mich zu, die von den Rechtsanwälten verursacht wurden, so dass ich nicht zur Ruhe kam. Auch im Betrieb gab es Unannehmlichkeiten. Plötzlich lagen einige Rinder und ein schwerer Bulle tot in der Weide. Der Tierarzt konnte aber nicht feststellen, woran die Tiere verendet waren. Eines Tages bekam ich einen Brief aus Bremen von Frau Broers, dass sie sehr unglücklich sei. Sie bat mich, sie wieder einzustellen, denn sie hätte Furchtbares erlebt und bereue, dass sie seinerzeit vom Horster Grashaus weggegangen sei. Es kam mir sehr gelegen, denn das junge Ehepaar litt an Eifersucht. Beschämt kam sie zurück und war froh, dass sie wieder bei uns arbeiten konnte. Sie fand alles in völliger Ordnung vor, obwohl sie recht lange fort war.

39: Olga Broers (rechts) mit Madeleine Pohl im Garten des Grashauses, Mai 1971

Als ich 1972, Jahre später, eines Tages nach Hause kam, sagte sie: „Oh, Herr de Taube, denken Sie sich, soeben hat unser Nachbar Hobbie aus der Marsch angerufen, sie wollen uns heute Abend besuchen. Ich freue mich sehr darauf." Ich sagte ihr: „Das ist ja sehr nett. Dann backen Sie einen Kuchen." - „Habe schon alles fertig." Am Abend kamen Herr und Frau Hobbie, so gegen halb acht. Ich führte die Herrschaften in die gute Stube und rief Frau Broers. Sie begrüßte den Besuch, freute sich und sagte: „Das ist nett von Ihnen, dass sie einmal zu uns kommen. Ich will eben nach nebenan gehen und den Tee zubereiten." Sie hatte sich schön angezogen. Nach geraumer Zeit kam sie aus der Küche in die Stube und Herrn Hobbie und mir fiel auf, dass sie taumelte. Wir fingen sie auf und legten sie auf das Sofa. Ich rief sofort Herrn Dr. Schindler in Sande an, der auch sofort kam. Er kannte Frau Broers ja, da er sie schon länger in Behandlung hatte. Nach der Untersuchung rief der Doktor das St. Willehad-Krankenhaus an, ob sie eingeliefert werden könne. Vorher hatte ich sie gefragt, ob es ihr recht sei. Sie war einverstanden, denn sie war schon des Öfteren in diesem Krankenhaus gewesen.

Die Familie Hobbie blieb noch eine Zeit bei mir und meinte, dass das Krankenhaus das Richtige sei. Frau Broers hatte oft Beschwerden. Sie sagte mir immer: „Morgen früh haben Sie mich nicht mehr," denn in ihrer Familie Rothenburg wären alle nicht alt geworden. Nach Anrufen fuhr ich am nächsten Tag um 16 Uhr hin und nahm ihr etwas mit. Der Arzt sagte: „Es sieht nicht gut aus, wir wollen alles tun, um ihr zu helfen." Die Krankenschwester ließ mich ins Zimmer: „Frau Broers, Herr de Taube ist da." Sie machte die Augen auf, freute sich und bewegte ihren linken Arm. Ich fasste ihn an, er war ganz steif und kalt, sie sagte nichts. Sie war an einem Apparat angeschlossen unter Aufsicht der Schwester. Ich fuhr traurig nach Hause, machte meine Stallarbeiten und kam spät zu Bett. Den nächsten Morgen stand ich wieder wie gewöhnlich um halb fünf Uhr auf und ging in den Stall, um das Vieh zu füttern. Um 6 Uhr ging ich in die Küche, um Tee zu machen. Da ging das Telefon: „ Hier ist das Willehad-Krankenhaus, ich muss Ihnen die Mitteilung machen, soeben ist Ihre Frau Broers eingeschlafen. Wollen Sie bitte so freundlich sein und die Verwandten benachrichtigen." Mir war elendig zumute, als ich diese Nachricht bekam und musste mich hinsetzen. Ich dachte, ich fiele auch gleich um. Wie war es nur möglich?

Die Beerdigung fand unter großer Anteilnahme in Wilhelmshaven statt. Der Herr Pastor hielt eine die Herzen ergreifende Rede und schilderte ihren Lebenslauf und alles, was sie durchmachten musste während des Krieges, wegen des Verlusts ihres Gatten, der im Kriege gefallen war. Die Trauergäste sangen die Gebete. Es kam alles so plötzlich. Die Urne ist auf dem Friedhof in Neuenburg beigesetzt, bei der Großmutter Witwe Rothenburg und Cordes. Frau Broers hatte mir immer gesagt: „Wenn ich einmal nicht mehr da bin, dann werden meine Verwandten nicht mehr zu Ihnen kommen." Und sie hat Recht behalten.

Bei der Anstellung des nachfolgenden Wirtschafterehepaars hatte ich den Ehemann ausdrücklich gefragt, ob er in der Gewerkschaft sei, worauf er erwiderte, so dumm sei er nicht. Als er eine Zeit bei mir beschäftigt war, versuchte er Harm Eilers, meinen alten Arbeiter, zu überreden, dass er doch auch in die Gewerkschaft gehen solle. Er lehnte das ab. Mehr Erfolg hatte er bei einem später eingestellten Arbeiter. Er versuchte es natürlich mit reichlich Schnaps und hat wahrscheinlich deshalb Erfolg gehabt. Eines Tages kam ein Bevollmächtigter von der Gewerkschaft und meinte, meine Arbeiter müssten mehr Lohn haben, und was er noch alles andere zu beanstanden hatte. Ich erwiderte, dass ich lange Jahre Arbeiter gehabt hätte und schon wüsste, wie man dieselben behandeln müsste. Umsonst wären die Leute nicht Jahrzehnte bei mir geblieben. „Übrigens lasse ich mir von Ihnen keine Vorschriften machen, denn hier habe ich zu sagen." Einige Tage später bekam ich eine Vorladung aus Oldenburg durch die Gewerkschaft. Ich wandte mich an den landwirtschaftlichen Arbeitgeberverband, der mich rechtlich vertrat. Zum Termin musste ich nach Oldenburg kommen. Es ging aus wie das Hornberger Schießen.

Eines Morgens, als ich die Milchkühe holen wollte, sah ich plötzlich ein Pferd tot in der Weide liegen und bekam einen Schrecken. Wie war es möglich? Nach näherer Betrachtung sah ich, dass das Pferd verblutet war, es war meine beste Stute. Ob und wie es gekommen war, mögen die Götter wissen. Von selbst hatte das Pferd es sich nicht zugezogen. Es kam noch schlimmer. Die nächsten Tage lag ein schwerer Bulle tot in der Weide. Ich ließ Herrn Dr. Ennen, den Tierarzt, kommen. Er konnte nichts feststellen. So hatte man immer wieder Aufregungen.

Harm Eilers hatte dann sein 50jähriges Dienstjubiläum in der Landwirtschaft, das auf dem Grashaus groß gefeiert wurde. Seit 1918 hatte er für mich und meinen verstorbenen Bruder Ernst gearbeitet. Die Landwirtschaftskammer war in der Person des Herrn Landwirtschaftsdirektors erschienen und überreichte Herrn Eilers eine Urkunde, von mir und im Auftrage meiner Geschwister auch ein Geldgeschenk. Sechs Jahre später bekam ich einen Anruf vom Krankenhaus, dass er gestorben sei. Harms Eilers war die ganze Zeit für uns tätig gewesen - mit Ausnahme meiner sieben Jahre Verfolgung in der Nazizeit. Mir war elend zumute.

* * *

Robert de Taube verkaufte kurz darauf das Landgut Horster Grashaus an einen Landwirt und zog ins benachbarte Horsten. Er starb 1982 im Alter von 85 Jahren im Krankenhaus Sande und wurde auf dem jüdischen Friedhof von Neustadtgödens beerdigt.

40: Robert de Taube bei der Arbeit um 1960

(Unterschrift des Lehrherrn)

Literaturnachweis

Bücher

Bauschinger, Sigrid: Die Cassirers: Unternehmer, Kunsthändler, Philosophen. Biographie einer Familie. - München 2015

Hegenscheid, Enno; Knöfel, Achim: Die Juden in Neustadtgödens: Das Entstehen der Synagogengemeinde, ihr Leben und Wirken, der Aufstieg und Untergang. - Neustadtgödens 1988

Koizumi, Kenta u. Winter, Tobias: Konzept zur Instandsetzung und Pflege des historischen Gartens Wildpfad 26, Berlin-Grunewald. - Bachelorarbeit, eingereicht am 29. August 2012: Hochschule Neubrandenburg, Fachbereich Landschaftsarchitektur

Murra-Regner, Georg: Wir haben also unseren Ruin vor Augen: Der Pogrom in Neustadtgödens vom 5. Mai 1782. – Dornum 2014

Rademacher, Michael: Wer war wer im Gau Weser-Ems: Die Amtsträger der NSDAP unf ihrer Organisationen in Oldenburg, Bremen, Ostfriesland sowie der Region Osnabrück-Emsland. Überarbeitete Neuausgabe, - Norderstedt 2005

Reyer, Herbert: Die Vertreibung der Juden aus Ostfriesland und Oldenburg im Frühjahr 1940. - In: Collectanea Frisica. Hg. v. Hajo van Lengen. - Aurich 1995, S. 363 – 390

Architekt Fritz Ruhemann Berlin. - Berlin: Schellin (Kunst und Architektur der Gegenwart) [ca. 1930]

Wedel Parlow, Wolf Christian von: Ostelbischer Adel im Nationalsozialismus. Familienerinnerungen am Beispiel der Wedel. - Göttingen 2017

Internetartikel

Peters, Hartmut: Sande-Neustadtgödens: Die Synagoge von 1852 und die jüdische Gemeinde in der NS-Zeit. www.groeschlerhaus.eu

ders.: Die Vertreibung der Juden aus Jever in der NS-Zeit. www.groeschlerhaus.eu

ders.: Eva Basnizki – Erinnerungen eines „Mischlings 1. Grades" an Jever und Hamburg (1933 – 1945). - www.groeschlerhaus.eu (zu Gottlieb Magnus)

www.polizei-historie.de/cms/polizei-in-ostfriesland/polizei-in-wittmund [Zugriff am 3.1.2019]

Ungedruckte Quellen, Archive

Haase, Ludolf: Aufstand in Niedersachsen. Der Kampf der NSDAP 1921 – 1924. - Hannover 1942: unv. masch. MS

Urteil des Schwurgerichts des Landgerichts Aurich v. 6.10.1949, S. 18 (Prozess über den Pogrom von 1938 in Neustadtgödens und auf dem Horster Grashaus, Schlossarchiv Jever)

Reents, Hillrich: Auf den Spuren der Familie Reents. - Wittmund 2016 [Familienchronik auf der Basis einer Auswertung der Quellen; dem Verfasser lagen die Seiten 40 – 52 sowie der „Lebenslauf Erich Carl Theodor Reents", 3 S., vor]

Archiv der Missionsschwestern Steyl (St. Hildegard Krankenhaus, Berlin)

Bundesamt für offene Vermögensfragen, Berlin

GröschlerHaus Jever

Heimatverein Neustadtgödens e.V.

Kunstwissenschaftliche Bibliothek, Staatl. Museen zu Berlin/
  Preußischer Kulturbesitz

International Tracing Service, Arolsen

Schlossarchiv Jever

Stadtarchiv Wilhelmshaven

Jüdisches Museum Berlin (Sammlung Robert de Taube)

Sammlungen: Anne Forrester, Miami; Holger Frerichs, Varel;
  Timothy Heyman, Mexico City; Theo Hinrichs, Friedeburg; Olaf Hoell, Oranienburg ; Familie Korte, Horster
  Grashaus; Walter John Pohl und Graham Pohl, Lexington, Kentucky; Hillrich Reents, Friedeburg; Hartmut Peters, Wilhelmshaven

Abbildungsnachweise

Sammlung Pohl, Lexington, Kentucky: *Abb. 1, 2, 7, 9, 12, 13, 14b,
15, 18, 39*

Sammlung Peters, Wilhelmshaven: *Abb. 3, 4, 5, 6, 10, 16, 20, 24,
25, 26, 29, 33, 44*

Sammlung Hinrichs, Friedeburg: *Abb. 8*

Wedel Parlow: *Abb. 11*

Sammlung Korte, Horster Grashaus: *Abb. 14a, 36, 37, 38, 40, 41*

Archiv der Misssionsschwestern Steyl: *Abb. 17*

Sammlung Hoell, S-Bahn-Galerie.de: *Abb. 19, 42*

Architekt Fritz Ruhemann, Tafel 1 resp. Tafel 2: *Abb.* **21, 22**

akg images Berlin: *Abb. 23, 31*

Koizumi, S. 12 resp. S. 20: *Abb. 30*

Sammlung Frerichs, Varel: *Abb. 27, 28*

Jüdisches Museum Berlin, Sammlung Robert de Taube: *Abb. 32, 34, 35*

Gefördert durch
den **Landkreis Friesland**,
die **Gemeinde Friedeburg**
und

Das Haus in der Schlosserstraße

Eine Erzählung über Fritz Levy
von Eckhard Harjes

Der Viehhändler Fritz Levy. Letzter Jude von Jever. Geboren 1901. 1939 Flucht vor den Nazis nach China und Amerika. 1950 Exil und Rückkehr nach Jever. Schwere Depressionen in den 1960er Jahren. In den 1970ern nannte er sich „Berufsverbrecher, Viehlosoph und Stabsdirektor". 1981 wurde er Ratsmitglied: Freitod 1982.

Wer war Fritz Levy? War er ein Spinner oder ein Clown? War er ein Provokateur oder ein Genie? Was hat ihn bewegt? Wie hat er gelebt? Hatte er Familie, Frau und Kinder? Warum ist er zurückgekommen nach Jever? Was hat ihn bewogen im hohen Alter für den Stadtrat zu kandidieren? Weshalb hat er den Freitod gewählt? Warum bewegt uns Fritz Levy noch immer?

Es gibt viele Fragen rund um Fritz Levy, viele Legenden, Halbwahrheiten und jede Menge Unfug, der über ihn geredet wird. Eckhard Harjes erzählt in seinem Buch eindrucksvoll das Leben seines Freundes Fritz Levy unter Einbezug der heute bekannten Fakten.

Als 14-jähriger lernte er Levy 1974 in Jever kennen. „Dieser Mann hat mich in all den Jahren nie mehr losgelassen. Er war irgendwie immer in meinem Kopf. Mal mehr, mal weniger", sagt Eckhard Harjes heute zurückblickend. Fritz Levy bewegt die Gemüter seit Jahrzehnten. Seine Lebensthemen – Ausgrenzung, Rassismus, Flucht und Exil – sind aktueller denn je.

Fritz Levy hilft dabei Stellung zu beziehen gegen Rassismus, gegen das Vergessen und für eine demokratische Gesellschaft.

Als gedruckte Version *(ISBN: 978-3-86287-974-8)* und als Ebook *(ISBN: 978-3-86287-214-5)* überall erhältlich!

Hartmut Peters (Jg. 1949) studierte Germanistik, Soziologie und Geschichte. Er arbeitete bis 2014 als Lehrer und Bibliotheksleiter am Mariengymnasium Jever und wirkt seit 1979 in verschiedenen Projekten bei der Erforschung und Dokumentation der nationalsozialistischen Zeit mit. Peters ist Herausgeber und Beiträger der Internetzeitschrift des GröschlerHauses Jever, des Zentrums für jüdische Geschichte und Zeitgeschichte der Region Friesland/Wilhelmshaven.

Weitere Informationen unter:
www.groeschlerhaus.eu

Fuego ist eine unabhängige Musik-, Buch- und Design-Edition. 1984 als Musik-Label gegründet, umfasst das Repertoire heute mehrere tausend digitale Veröffentlichungen - schwerpunktmäßig mit deutscher Musik- und Lesekultur aus allen Bereichen der letzten fünfzig Jahre. Hierzu zählen zahlreiche, lange vergriffene Wiederveröffentlichungen, aber auch aktuelle Neuerscheinungen junger Musiker und Autoren. Besuchen Sie unsere Webseite und stöbern Sie durch die einzelnen Bereiche. Unsere Veröffentlichungen sind in allen bekannten Download-Shops weltweit erhältlich.

Mehr über Fuego unter:

www.fuego.de